Tausend prima Tips

für Haushalt und Familie

Edda Meyer-Berkhout

Tausend prima Tips

für Haushalt und Familie

Südwest

Zeichnungen: Kerrin von Carnap

5. Auflage 1985 · 37.–45. Tausend

Schutzumschlag: Design Team, München
Gesamtherstellung: Mainpresse Richterdruck Würzburg
ISBN 3 517 00735 8

Inhaltsverzeichnis

Register

Gewinnen Sie einen Tausender!

Weit gefehlt, wenn Sie glauben, ich sei eine Superhausfrau und wollte Sie zu einer solchen bekehren!
Zwar bin ich eine passionierte Blumenliebhaberin und habe auch gerne mein Haus sauber und ordentlich, damit sich Kinder und Gäste, aber auch Haustiere wohl fühlen. Ich hasse Ameisen, die mitten in der Nacht in meinem Bett im Ferienquartier herumkrabbeln, mag keine Durchfälle, Triangel in Jungenhosen, Pickel oder Reisepannen.
Die nötigen Dinge des Alltags möchte ich gerne schnell und gut erledigen. Dabei möchte ich weder Kraft noch Zeit, weder Geld noch Energie vergeuden. Wichtig ist bei allen diesen Arbeiten, Aufwand und Erfolg in ein gutes Gleichgewicht zu bringen. Oft muß man zwischen Tradition und Fortschritt sinnvoll wählen.
Wenn mein Teppichboden einen Fleck hat, versuche ich zunächst selbst, ihn zu entfernen. Häufen sich die Malheurs, nehme auch ich den professionellen Reinigungsdienst in Anspruch. Und schließlich tausche ich den fleckigen und schadhaften Teppich gegen einen neuen aus. Dabei habe ich durchaus kein schlechtes Gewissen und freue mich, daß ich durch eine andere Farbwahl dem Raum ein ganz neues Aussehen geben kann.
Wenn ich durch Waschen auch mit einem Super-Waschpulver oder durch sofortiges Ausreiben mit bewährten Hausmitteln ein Kleidungsstück nicht sauber bekomme, gebe ich es dem Fachmann zum Reinigen. Warum sollte ich mich über ausgeriebene Farben oder häßliche Kringel ärgern, wie unsere Großmütter es oft genug taten? Wenn meine Topfpflanzen aus irgendwelchen Gründen dürftig aussehen, tausche ich sie eben gegen neue blühende Pflanzen aus der Gärtnerei aus. Ich gehöre also durchaus – wie die meisten meiner Mitbürger – zur Gruppe fortschrittlicher Konsumenten und lebe nicht in dem Wahn, unbedingt immer alles selbst machen zu müssen.
Aber dieser Umstand hindert mich nicht, dauernd Augen und Ohren offenzuhalten, um schlaue Tips zu lernen. Ich suche in alten Koch- und Haushaltsbüchern, informiere mich aber auch bei jungen Müttern, bei Ärzten, Tierärzten, Kaufleuten und Handwerkern.

Es macht mir Freude, wenn ich eine Arbeit besser, schneller, praktischer erledigen kann. So überprüfe ich seit vielen Jahren immer wieder die in meiner Schatzkiste gesammelten Ratschläge und experimentiere, um zu sehen, ob Theorie und Praxis übereinstimmen.

Durch »Gewußt wie!« ist mein Leben amüsanter geworden, und oft habe ich Freunden mit ernsthaften oder komischen Ratschlägen helfen können. Manche dieser Kniffe können leicht erklärt werden, andere scheinen kurios. Die Tatsache, daß ein völlig verkohlter Filzhut helfen soll, eine schlecht heilende Wunde zu kurieren, scheint zunächst absurd. Aber Kohle desinfiziert. Dieser über 400 Jahre alte Tip ist von einem Arzt unserer Zeit bestätigt worden. Daß Studentenblumen Ungeziefer vertreiben, schien seltsam, bis eine Forschungsgruppe in Holland entdeckte, daß diese Pflanze für Schädlinge unverträgliche Stoffe absondert.

Aber warum meiden Fliegen blaugestrichene Räume? Aufgrund dieser alten Bauernweisheit strich man Küchen blau, flieste die Wände blau-weiß. Und malen nicht noch heute die Araber oft ihre Hauseingänge mit blauer Farbe an? Warum ist das so? Ich weiß es nicht. Ich weiß nur, daß es wirklich hilft.

Mancher Tip hat einen realen Hintergrund, mancher hilft vielleicht auch nur dann, wenn man sehr daran glaubt! Bei meiner Auswahl berücksichtigte ich Traditionelles und ganz moderne Hinweise. Sie einzuordnen, war oft schwierig. Darum finden Sie im Sonderkapitel »Zu schade für den Papierkorb« ein buntes, lustiges Sammelsurium.

Doch nun zu meinem Angebot. Jeder, gleichgültig ob Junggeselle oder Familienvater, ob Teenager, junge oder erfahrene Hausfrau, jeder, der dieses Buch bis zur letzten Seite gewissenhaft oder amüsiert liest, gewinnt einen Tausender.

Ich hoffe, daß Sie nicht nur beim Lesen, sondern auch in der Praxis Freude haben werden, und würde mich über Anregungen Ihrerseits herzlich freuen.

Ihre

Blumen & Pflanzen

Schnittblumen aus dem eigenen Garten

Schneiden Sie Ihre Blumen zum richtigen Zeitpunkt: Vollerblühte Blumen sollten am frühen Morgen, knospige Blumen wie Freesien, Gladiolen, Pfingstrosen, Rosen, Nelken oder Schwertlilien dagegen besser am Abend kurz vor Sonnenuntergang geschnitten werden. Rosen halten am längsten, wenn sie geschnitten werden, sowie sich das erste Blütenblatt entrollt. Die Haltbarkeit von Lilien ist am besten, wenn sie halboffen, die von Gladiolen, wenn die beiden untersten Blüten leicht gefärbt sind. Mohn sollte nur in Knospen geschnitten werden, er verwelkt sonst zu rasch.

Schnittblumen aus dem Blumengeschäft

Kaufen Sie Ihre Blumen in Geschäften, die einen großen Umsatz zu verzeichnen haben, und überlassen Sie die letzten Blüten aus dem Blumenbehälter dem Geschäftsinhaber; sie stehen zu lange. Schauen Sie sich nicht nur die Blüten, sondern auch die Schnittstellen der Stengel an, sie sagen oft mehr über das Alter aus.

Beim Nachhausekommen zunächst das Blumenpapier mit kühlem Wasser besprengen, die Blumen eingewickelt in einen Eimer mit Wasser stellen. Erst nach zwei Stunden in Vasen ordnen. So verlängern Sie die Haltbarkeit wesentlich. Gelbe Blumen halten meistens länger als andersfarbige.

Schnittblumen schneiden

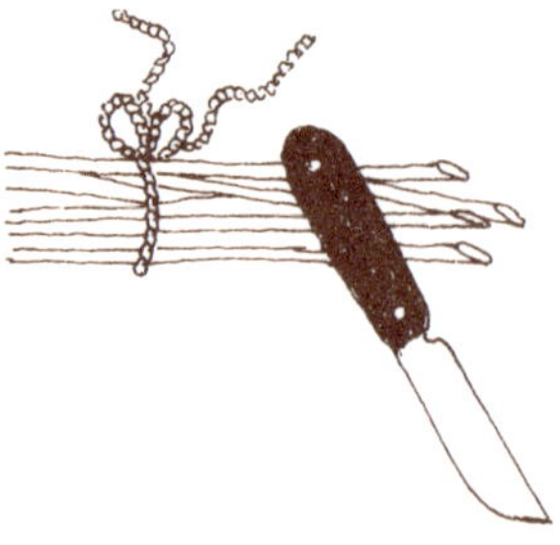

Weiche Stiele werden immer gerade, holzige hingegen schräg angeschnitten. Wer welke Blumenstengel unter Wasser schneidet, gibt den Zellen die Möglichkeit, sich stärker mit Wasser vollzusaugen.

Holzige Stengel von Forsythien oder Chrysanthemen mit dem Messerstiel etwas klopfen, dann kann mehr Wasser aufgenommen werden.

Grundsätzlich immer *alle* unteren Blätter und Seitentriebe entfernen, weil diese im Wasser schnell faulen.

Schnittblumen richtig behandeln

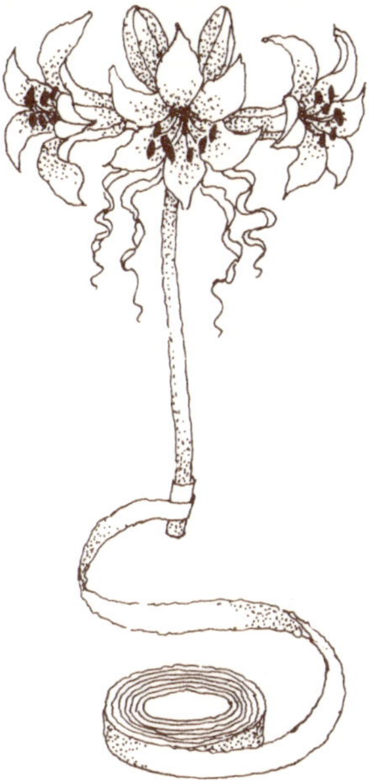

– *Alpenveilchen* halten länger, wenn Sie die Stielenden etwa zwei Zentimeter tief einritzen.
– Bei *Amaryllen* das Stielende mit Tesafilm umwickeln.
– Echte *Bonsais*, oft an die 100 Jahre alt, sind teuer und in zentralgeheizten Räumen schwer am Leben zu halten. Schneiden Sie statt dessen im Januar oder Februar einen möglichst verkrüppelten Zweig von einer Heckenbuche. In Steckmoos stecken, in eine flache Schale geben, diese mit Kieselsteinen füllen. Das Steckmoos sollte auch mit Steinen bedeckt sein. Täglich frisches Wasser dazugießen. Hält gleichzeitig die Zimmerluft feucht.
– *Christrosen* wie Alpenveilchen behandeln.
– *Chrysanthemen*, die welken, kurz in kochendes Wasser stellen, danach gleich wieder in kaltes. Die Stiele anklopfen und kurz mit dem Streichholz abbrennen, verlängert die Haltbarkeit.
– *Flieder* niemals als Knospe kaufen, er blüht nicht auf. Leider läßt er oft die Köpfe hängen! Die Stiele erneut abschneiden, die Rinde zwei bis drei Zentimeter hoch abschälen. Dann die Blumen etwa 30 Minuten in warmes Wasser (35° C, also Badewassertemperatur) stellen, anschließend wieder in kaltes Wasser stellen.

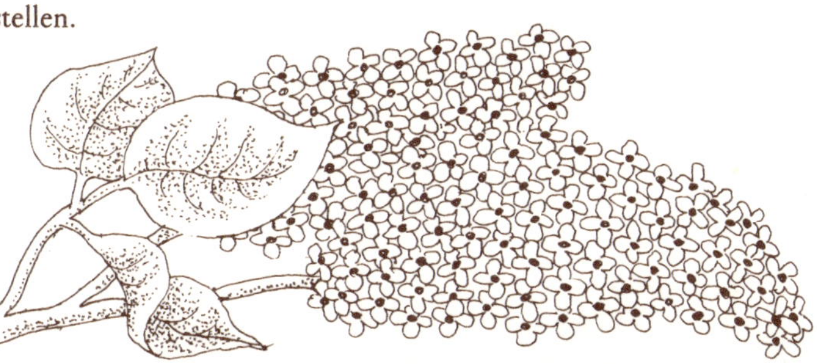

– *Gerberas* halten wesentlich länger, wenn die Blumenvase nur zu einem Drittel mit Wasser gefüllt wird. Aber bitte nicht vergessen, das Wasser täglich zu erneuern!
– Bei *Gladiolen* immer die letzten drei Blütenknospen herauskneifen, damit die übrigen Blüten größer und farbiger werden.
– *Iris*stiele wie Alpenveilchen einschlitzen.
– *Levkojen* geben einen milchigen Saft ab und verbluten. Um das zu verhindern, die Stiele kurz in kochendes Wasser tauchen oder über eine brennende Kerze halten.
– Von *Lilien* die Staubbeutel entfernen, die Blumen halten dann länger und verursachen keine häßlichen Flecken.

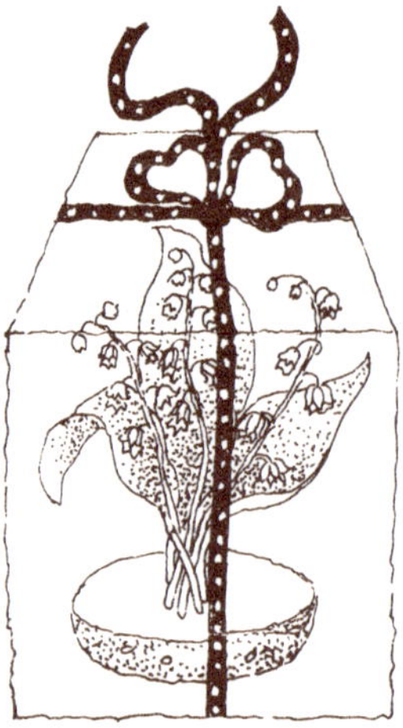

– *Maiglöckchen* im Päckchen? Durchaus möglich! Stecken Sie die Stiele der Maiglöckchen in halbierte Kartoffeln, eventuell die Löcher mit Hölzchen vorbohren. Verpacken und fortschikken. Sie kommen bestimmt frisch an, denn die Feuchtigkeit der Kartoffeln verhindert ein vorzeitiges Welken.

Übrigens sind halbe Kartoffeln ein vorzüglicher Ersatz, wenn Sie einmal Ihren Blumenigel nicht finden können.

– *Mohn* wie Levkojen behandeln, immer als Knospe schneiden.

– *Narzissen* dürfen nach dem Kauf nur dann nochmals geschnitten werden, wenn sie alleine, also ohne andere Blumen ins Wasser gestellt werden. Ihre schleimigen Absonderungen wirken zerstörend auf andere Blumen und verursachen zuweilen ekzemartige Ausschläge beim Menschen.

– *Orchideen* lieben warmes Wasser, aber kühle Nächte!

– Bei *Rosen* auch die Dornen entfernen. Welke Rosen wie welken Flieder behandeln.

– *Tulpen* ebenfalls nur zu einem Drittel in Wasser stellen. Tulpenwasser sollte niemals erneuert, sondern lediglich aufgefüllt werden. Zuckerzugaben sind bei Tulpen für die Haltbarkeit sehr förderlich. Freilandtulpen halten länger als Treibhaustulpen.

– Bei *Weihnachtssternen* wie bei Levkojen verfahren.

– *Wicken* dürfen ebenfalls nur zu einem Drittel im Wasser sein.

– Blüten, deren Blätter auseinanderfallen, können Sie durch einige Tupfen klaren Nagellack noch für einen oder zwei Tage retten. Geknickte Stengel mit Tesafilm umkleben.

Schnittblumen müssen ins Bett

Der Rat ist zwar nicht wortwörtlich zu nehmen. Doch sollten Sie sich angewöhnen, Ihre Blumen nachts ins Kühle zu stellen, sie halten sich dann viel länger frisch.

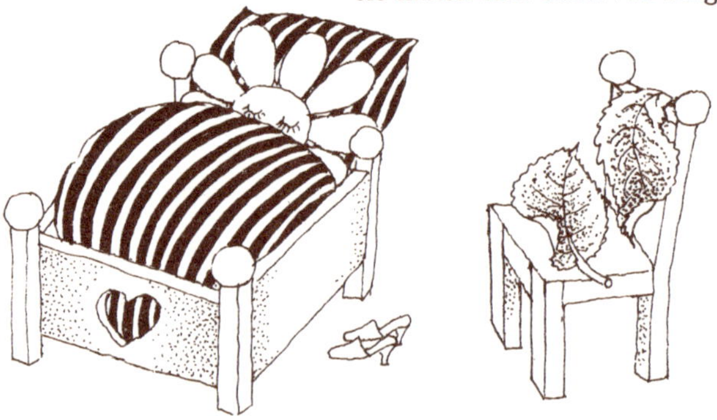

Frischhaltemittel für Schnittblumen

Neben den käuflichen Frischhaltemitteln, die Nährstoffe enthalten und für den Ausgleich des osmotischen Drucks sorgen, gibt es eine Menge alter Hausmittel, die – dem Blumenwasser zugesetzt – die Haltbarkeit der Schnittblumen verlängern: Holzkohlestückchen, Kupferpfennige, Zuckerwürfel, Aspirin, Antibabypillen, Kampfer, Essig, einige Tropfen Brennspiritus, Salz, Kalisalpeter oder Soda. Sicher ist, daß keines dieser Mittel uns der Pflicht enthebt, täglich das Blumenwasser zu wechseln bzw. frisches Wasser aufzugießen. Kombinieren Sie Schnittblumen mit Zypressenzweigen. Die Zypressen sondern ein Gas aus, das die Haltbarkeit der Blumen verlängert.

Feinde unserer Schnittblumen

Bei kühlen Temperaturen halten unsere Blumen bekanntlich am längsten. Sonnenstrahlen, Zentralheizungswärme, Ofennähe, vor allen Dingen aber Gasöfen sind unbedingt zu meiden. Frische Luft tut gut, Zugluft schadet. Da Gasflammen Sauerstoff verbrauchen, ist erklärbar, warum Blumen in Wohnküchen mit Gasherden besonders schnell dahinsiechen.
Reifendes Obst, also Äpfel, Trauben oder auch orangefarbige Sanddornzweige strömen Gase aus, die unseren Schnittblumen schaden. Nicht in den gleichen Raum stellen!

Schnittblumen im Kühlschrank?

Warum auch nicht? Wenn der Kühlschrank auf die geringste Kältestufe gestellt wird, ist er der ideale Aufbewahrungsort für Blumen, die am Samstag gekauft werden, aber erst am Sonntag verschenkt werden sollen. In Seidenpapier eingewickelt lassen und in Wasser stellen.
Auch für Ansteckblumen ist der Kühlschrank eine bewährte Herberge.

Vasenweisheiten

Wenn man früher behauptete, daß Zweige grundsätzlich nur in undurchsichtigen Gefäßen arrangiert werden sollten, so nimmt man heute diese Regel nicht mehr ganz so streng.
– *Kupfergefäße* sind ideale Blumenbehälter, sie halten darin länger als normal.
– Umgefallene Vasen sind ärgerlich. Geben Sie je nach Art der Vase etwas Sand, einige Kieselsteine oder Murmeln hinein.

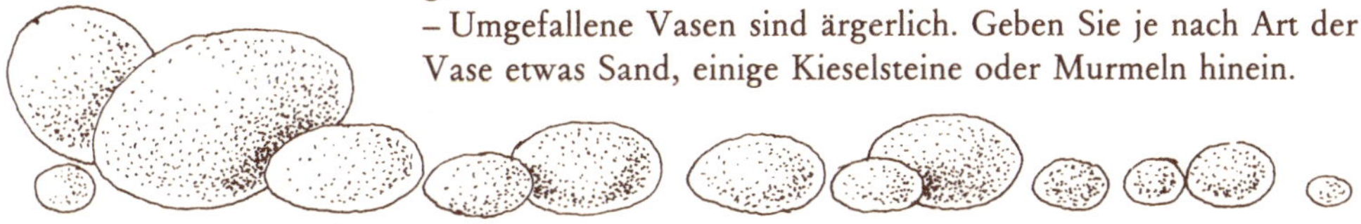

– Um Blüten oder Zweigen in sehr großen, aber undurchsichtigen Vasen, besonders *Bodenvasen* Halt zu geben, ein Stück Hühnerdraht locker zusammengedrückt in die Vase stecken oder den inneren Rand mit einem Stück selbstklebenden Schaumstoffstreifen bekleben.
– Vasen können Sie zwar mit Essig, zerkleinerten Zitrusschalen oder Reiskörnern und Wasser reinigen, schneller geht es aber mit WC-Reiniger. Mit Wasser kurz einwirken lassen, kräftig schütteln. Wirkt Wunder!
– Läßt Ihre Vase Wasser durch? *Tonvasen* werden innen mit Bohnerwachs ausgerieben oder mit heißem Paraffin ausgeschwenkt. *Glas-*, *Keramik-* oder *Tonvasen* können aber auch mit Wasserglas (also Kalium- oder Natriumsilikat) oder farblosem Nagellack ausgeschwenkt werden. Allerdings ist die Voraussetzung, daß das Gefäß absolut trocken ist und Sie es mindestens eine Woche nach der Behandlung trocknen lassen.

Dauersträuße für den Winter

Möchten Sie lange Freude am *Heidekraut* haben? Stellen Sie die Zweige in einen Plastikeimer, der zu drei Vierteln mit frischem Wasser und mit einem Liter Salzsäure aus der Drogerie gefüllt wurde, anschließend die Stengel zusammenbinden und an die Wäscheleine klammern. Nach dem Trocknen rieseln die Blüten nicht mehr ab. Aber ziehen Sie bitte Gummihandschuhe an!
– *Sommerblüten* aus dem Garten behalten Farbe und Struktur, wenn sie mit den Köpfchen nach unten in einen Eimer gehalten werden und dieser von einer zweiten Person vorsichtig mit absolut trockenem feinem Meersand gefüllt wird. Frühestens nach sechs Wochen herausnehmen!

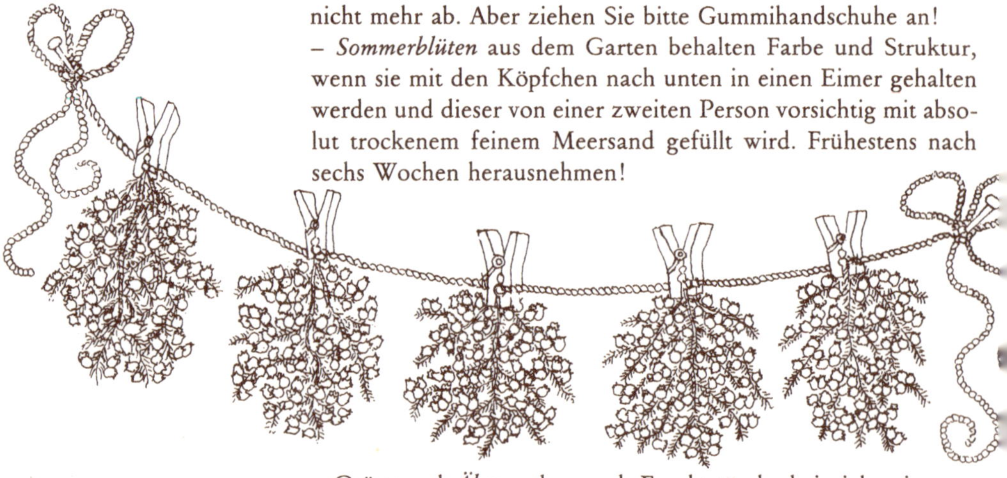

– *Gräser* und *Ähren,* aber auch Fruchtstände, beispielsweise von Mohn oder Schwarzkümmel (Jungfer im Grünen), mit den Köpfen nach unten an schattiger Stelle zum Trocknen aufhängen.

– Zweige mit *Herbstlaub* schneiden, sowie sich das Laub verfärbt. Dann die Blätter einzeln trockenbügeln, sie fallen nicht ab. Besonders für Buchenzweige geeignet. Oder die Zweige in eine Mischung von halb Wasser und halb Glyzerin stellen, nach einer Woche herausnehmen. Sie bleiben monatelang frisch.
– Sollen *Ziergräser* mehrere Jahre halten, mit Spiritus- oder Zaponlack bepinseln oder rasch eintauchen. Allerdings verleiht der Lack der Oberfläche einen leichten Glanz.

Trockensträuße aufmöbeln

Müde Trockensträuße bekommen wieder ein frisches Aussehen, wenn sie mit Haarspray besprüht werden.
Sie können die Blumen aber auch sortenweise in Resten von Ostereierfarben auffärben, trocknen lassen und neu arrangieren.

Tannenzweige frisch halten

Tannenzweige für weihnachtliche Dekorationen halten länger frisch, wenn sie zunächst schräg abgeschnitten und 24 Stunden in Wasser gestellt werden. Dann die Schnittflächen mit sprühbarem Wundverband, Siegellack oder Alleskleber verschließen.

Christbaum aufstellen

Sägen Sie den Christbaum, ehe Sie ihn im Halter befestigen, zunächst frisch ab, dann unten etwa fünf Zentimeter tief in Längsrichtung ein. Anschließend die Rinde am unteren Ende etwas klopfen. Das Stammende nach Möglichkeit in einen Halter mit Wasser schrauben. Zugabe von drei Eßlöffeln Glyzerin verhindert frühzeitiges Nadeln. Wackelt der Baum, sorgen Sie für Sicherheit: einen dünnen Bindfaden einerseits um den Stamm binden, andererseits mit ein oder zwei Ösen an der Wand befestigen. Plastikfolie als Bodenschutz unterlegen. Täglich frisches Wasser in den Christbaumständer nachgießen.
Christbäume mit Wurzeln in einen sehr großen Topf mit reichlich feuchtem Torf geben, vor dem Aufstellen mit dem Wäschesprenger gründlich besprühen. Täglich gießen und keinesfalls zu lange im zentralgeheizten Raum stehen lassen. Das Pflanzloch im Garten schon vor Beginn der Frostperiode ausheben.

Tannenzapfen als Christbaumschmuck

Zapfen unterschiedlicher Größe über Nacht in sehr starke Salz- oder Alaunlösung legen, dann auf Zeitungspapier trocknen lassen. Dann bilden sich hübsche Schneekristalle auf den Zapfen.

Tannenduft zur Adventzeit

Geben Sie eine Handvoll frische Tannennadeln in den Heizungsverdunster. Oder verbrennen Sie einen kleinen Tannenzweig über einer Kerze.

Keine häßlichen Blumentöpfe mehr

Blumentöpfe werden wasserdicht, wenn Sie sie in Paraffin tauchen. Häßliche weiße Kalkflecken verschwinden zwar auch durch Abreiben mit Essig, Essigessenz, Stahlwollschwämmchen, noch müheloser geht es jedoch mit WC-Reiniger.

Topfpflanzen gießen

Sie brauchen Ihre Topfpflanzen seltener zu gießen, wenn Sie zwischen Topf und Übertopf eine dicke Schicht Torfmull füllen und diesen anfeuchten. Oder stellen Sie alle Töpfe in eine große, flache Schale, in die Sie zuvor etwa drei Zentimeter hoch Kieselsteine gelegt haben. Wasser auf das Steinbett gießen. In beiden Fällen fördert die Luftfeuchtigkeit das Wachstum.

Ist das Leitungswasser kalkhaltig? Etwa zwei Eßlöffel Torf in ein Stückchen vom alten Nylonstrumpf knoten, ins Gießwasser legen. Alle zwei bis drei Wochen erneuern.

Keine nassen Füße für Topfpflanzen

Nasse Füße vermeiden Sie durch eine Schicht Kieselsteine, bei Übertöpfen kleine Blumenuntersetzer umgedreht in die Töpfe geben, erst darauf den Blumentopf stellen.

Aber Usambaraveilchen, Alpenveilchen und Gloxinien dürfen immer nur von unten gegossen werden, weil sonst die Stengelansätze zu faulen beginnen.

Farne gedeihen besser, wenn sie gelegentlich mit Milch oder gesalzenem Wasser gegossen werden (4 Eßlöffel auf ½ Liter Wasser).

Preiswerter Topfpflanzendünger

– Eierschalen oder ein kleines Stückchen Tischlerleim in der Blumengießkanne lassen Pflanzen schneller wachsen!

– Rußreste, Kaffeesatz oder kalter, abgestandener schwarzer Tee mit den Teeblättern düngen vorzüglich und kosten nichts!

– Oder zerklopfen Sie einige Austernschalen in einem Plastikbeutel und streuen Sie die Stückchen auf die Oberfläche. Verwöhnen Sie Ihre Topfpflanzen gelegentlich durch einen Teelöffel Hornspäne. Austernschalen und Hornspäne werden neuerdings zu diesem Zweck in guten Gärtnereien verkauft. Den gleichen Effekt erzielen Sie, wenn Sie ausgekämmte Haare unter die Blumenerde mischen.

Zimmerpflanzen umtopfen

Legen Sie die vorgesehenen Töpfe tags zuvor in einen Eimer mit Wasser, so daß der Ton sich vollsaugt. Sonst entzieht er der frischen Erde zuviel Feuchtigkeit. Die Töpfe immer nur eine Nummer größer wählen. Statt eines Scherbens ein Knochenstückchen auf das Abzugsloch legen, der Kalk ernährt die Pflanze zugleich.

Regenwürmer in Blumentöpfen?

– Keine Sorge, Regenwürmer kriechen nach oben, wenn Sie den Blumentopf in etwa 35° C heißes Wasser stellen.
– Oder Kaffeesatz leicht unter die Erde buddeln.
– Oder legen Sie eine ausgehöhlte Kartoffel auf die Erdoberfläche. Die Würmer kriechen hinein, Sie können sie dann entfernen.

Streichhölzer in Topfpflanzen

Stecken Sie einige Streichhölzer mit den Köpfchen zuunterst in Ihre Zimmerpflanzentöpfe. Der Schwefelgehalt vertreibt alle Schädlinge! Außerdem werden durch die Streichhölzer die Stellungen der Pflanzen in bezug auf die Himmelsrichtung gekennzeichnet, was bei Kakteen und Kamelien wichtig ist, diese werfen bei zu häufigem Drehen die Knospen ab!
Farne machen allerdings eine Ausnahme, sie werden gleichmäßiger, wenn der Topf immer mal wieder im Uhrzeigersinn gedreht wird.

Läusebefall bei Cinerarien

Die blühenden Pflanzen sehr feucht halten und auf jeden Fall auf eine Schicht nasser Kieselsteine stellen: Ihre Cinerarien bekommen bestimmt keine Läuse!

Prachtvolle Gummibäume und Palmen

Ihr *Gummibaum* wächst buschartig breit, wenn Sie den Mitteltrieb in etwa 40 Zentimeter Höhe scharf abschneiden und die Wunde schnell mit einem brennenden Streichholz verkleben, so daß sie nicht ausblutet.
Gelegentlich in den Regen stellen, im Winter nur sparsam gießen. Grundsätzlich jegliche Bodennässe vermeiden! Die Blätter vom Gummibaum gelegentlich mit einem Bierrest abreiben, dann glänzen sie wieder.
Dattelpalmen und *Zimmeraralien* im Sommer ins Freie stellen, weil der Sauerstoff das Wachstum fördert.

Ananas, Süßkartoffeln und Avocados züchten

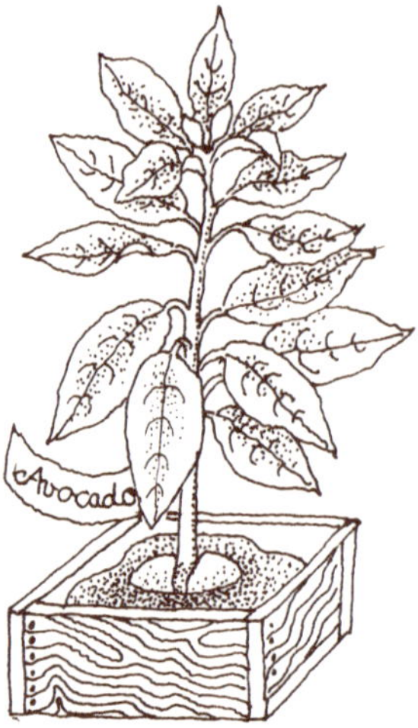

– Haben Sie Freude an Zimmerpflanzen, die ein wenig kurios sind? Dann schneiden Sie das nächste Mal die grüne Spitze einer frischen Ananas drei bis vier Zentimeter tief ab und stecken Sie sie in ein Gemisch von Blumenerde, Sand und Torfmull.

– Oder pflanzen Sie eine Süßkartoffel in ein Gemisch aus Sand und Torfmull. Sie können die Kartoffel aber auch in ein Gefäß mit Wasser geben, welches jede Woche zweimal erneuert werden muß. Der Wasserstand sollte bis zur Hälfte der Kartoffel reichen. Süßkartoffeln haben aparte Triebe mit dunkelgrünen, efeuähnlichen Blättern, die wahlweise klettern oder ranken.

– Oder stecken Sie einen Avocadokern mit drei quergestellten Hölzchen erst über ein Glas mit Wasser, dann in ein feuchtes Sand-Torf-Gemisch, nach einem Jahr haben Sie eine hübsche grüne Pflanze!

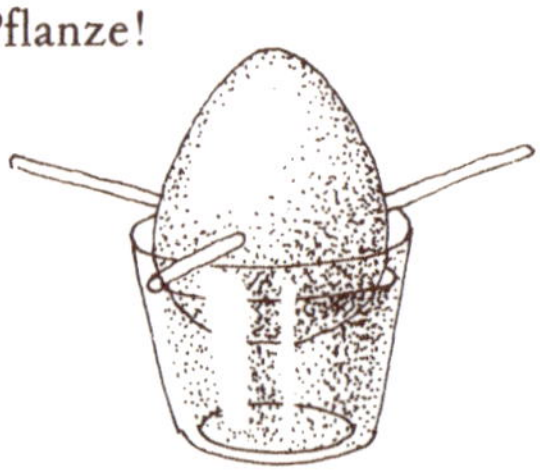

Richtige Himmelsrichtung für Ihre Zimmerpflanzen

Pflanzen an Südfenstern vor praller Sonnenbestrahlung schützen, indem Sie über die Mittagszeit angefeuchtete Zeitungsbogen darüberdecken. Das Wasser verdunstet und entzieht der Umgebung gleichzeitig Wärme.

Cissus (Klimme), Schuppenfarn und *Usambaraveilchen* niemals in die direkte Sonne stellen.

Topfpflanzen im Urlaub

– Wenn Sie kurzfristig verreisen, gießen Sie alle Pflanzen kräftig und legen eine Schicht Kieselsteine auf die Erdoberfläche. An schattiger, kühler Stelle halten die meisten Pflanzen vier bis fünf Tage.

– Oder alle Töpfe in eine Waschwanne setzen, die Zwischenräume mit Torf füllen, diesen kräftig anfeuchten. Hält zirka acht Tage.

– Drei oder vier Wochen brauchen Pflanzen nicht gegossen zu werden, wenn Sie etwas erhöht einen kleinen Eimer mit Wasser aufstellen und jeweils einen nassen Baumwollstreifen vom Eimer zu den einzelnen, tiefer stehenden Töpfen leiten. Der Stoff saugt sich voll Wasser und gibt genug Feuchtigkeit an die Erde ab.

Balkonkästen für faule Blumenliebhaber

Möchten Sie Ihre Balkonblumen nur gelegentlich gießen? Neben automatisch bewässerten Kästen gibt es die Möglichkeit, die Kästen sechs bis acht Zentimeter hoch mit Hyperlite aus der Gärtnerei zu füllen (10 l Hyperlite speichern 6 l Wasser). Dann die Balkonpflanzen daraufgeben und die Zwischenräume mit Erde füllen. Hyperlite ist eine Art Blähton.

Balkonpflanzen gedeihen besonders gut, wenn pro Eimer Blumenerde zwei Eßlöffel Blumendünger und zwei Eßlöffel Hornspäne (aus der Gärtnerei) untergemischt wurden. Frühestens nach vier Wochen die Kästen mit Flüssigdünger nachdüngen.

Für *Knollenbegonien* und *Fuchsien* zu einem Viertel Komposterde drei Viertel Torf mischen.

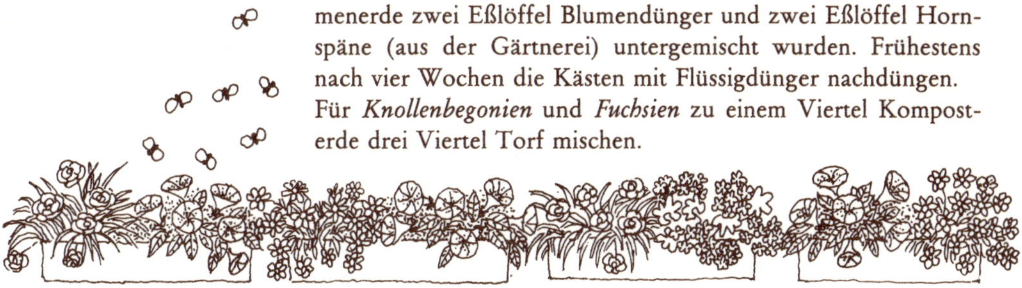

Pflanztips für Balkonkästen

Wer Geld sparen möchte, bepflanzt einmal die Kästen mit immergrünen Pflanzen und kleinen Koniferen und füllt dann später nur noch die groß gehaltenen Zwischenräume mit blühenden einjährigen Pflanzen.

– Im *Schatten* gedeihen Fuchsien, Petunien, Fleißige Lieschen und Knollenbegonien am besten;

– in der *Sonne* Geranien, Pelargonien, Begonien;

– im *Wind* Karpatenglockenblumen, Sedumarten, beispielsweise Mauerpfeffer; Glockenrebe, Leberbalsam und Kapuzinerkresse, die überhaupt zu den preiswertesten und robustesten Balkonpflanzen gehören.

– Weiße oder violette Heidepflanzen, die im Spätherbst angeboten werden, sind als Balkonbepflanzung, insbesondere zwischen Koniferen, ideal. Sorgen Sie für sehr großzügige wöchentliche Bewässerung, denn sonst verlieren die Pflanzen infolge von Trockenheit schnell ihre hübschen Blüten. Auch Koniferen gehen bei Trockenheit ein.

Im Grünen wohnen!

Wollen Sie eine Terrassenwand schnell begrünen? *Knöterich* und *Prunkbohnen, Japanischer Hopfen, Trichterwinden* oder die bildschöne *Schwarzäugige Susanna* machen bestimmt Freude. *Wikken* verlangen Sonne und sehr guten Boden. *Efeu* wächst zwar langsamer, ist aber winterhart und immergrün.

Frische Kräuter für die Küche

Koriander, Majoran, Thymian und *Salbei* selbst zu züchten, lohnt nicht, weil sie getrocknet beinahe ebensogut sind. *Basilikum* braucht viel Wärme, mag keinen Wind. *Dill, Bohnenkraut, Boretsch* und *Zitronenmelisse* möchten sehr viel Feuchtigkeit haben, ebenso *Schnittlauch.* Hochwachsende Kräuter wie *Liebstöckel* und *Dill* in der Nähe einer Wand pflanzen oder säen, damit sie etwas Halt haben. *Petersilie* nach der Aussaat regelmäßig feucht halten, möglichst mit Glasscheiben oder durchsichtigen Plastikbeuteln abdecken, damit die Bodenoberfläche nicht austrocknet.
Jungpflanzen ausdünnen, damit die stärksten sich gut entwickeln können.

Selbstgezüchtete Gartenkresse wächst rasch

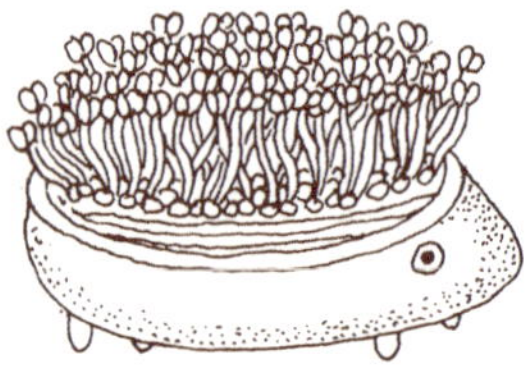

Gartenkresse kann auf einer dicken Lage feuchten Küchenkrepps, besser noch auf einer Zellstoff-Babywindel in einer Tonschale oder auf dem Rücken von Kresseschweinchen ausgesät und auf der Küchenfensterbank gezüchtet werden. Mit der Schere abschneiden! Die lustigen Ferkel aus Ton bekommen Sie in Gärtnereien und Kunstgewerbegeschäften.

Lästiges Moos entfernen

Ärgert Sie Moos auf dem Balkon, der Terrasse oder auf Gartenwegen? Setzen Sie eine Brille, am besten ist die Skibrille, auf, ziehen Sie Gummihandschuhe und -stiefel an und scheuern Sie die befallenen Stellen mit 1:10prozentiger Salzsäure. Oder 500 g Eisenvitriol auf 10 l Wasser (1 Eimer) lösen. Gut nachspülen. Die Steine werden wieder wie neu.

Rechter Winkel im Garten

Ein Seil nach 3, 4 und 5 m knoten. Im Dreieck auf den Boden legen und Sie haben einen Winkel von 90°.

Unkrautteufel

Unkraut zwischen den Steinplatten auf Zufahrts- oder Kieswegen kann natürlich mit chemischem Unkrautvertilger beseitigt werden. Das ist leider recht teuer. Kochendheißes Wasser hilft ebenfalls garantiert, doch ist es meistens schwierig, soviel

kochendes Wasser herbeizuschaffen. 250 bis 500 g Streusalz in heißem Wasser (ein Eimer oder eine Gießkanne voll) lösen und die Wege an einem trockenen Tag damit großzügig begießen; schafft bestimmt Abhilfe. Für große Flächen je 100 g Kochsalz (Natriumchlorid) aus der Drogerie in einem Eimer Wasser auflösen und 1 qm Bodenfläche damit begießen. Oder gebrannten Kalk auf die Wege streuen. Ebenso helfen 5%ige Essig- oder Schwefelsäurelösungen. Oder streuen Sie eine Mischung aus Kupfervitriol, Sand und billigem Salz auf die verunkrauteten Flächen. Aufpassen, daß die Flüssigkeit nicht die angrenzenden Beete benetzt.

Mehltau bekämpfen

100 g Salz in einer Gießkanne voll Wasser lösen und die erkrankten Pflanzen damit begießen.

Samenplaudereien

– Um die Keimkraft von Samen zu prüfen, legen Sie einige auf das eine Ende eines Wattestreifens auf einen Teller. Die Watte naß machen und das andere Ende in ein etwas höher gestelltes Glas hängen. So ist die Watte immer feucht, und der Samen sollte keimen.
– Oder Sie legen einige Samen auf die heiße Elektrokochplatte. Keimfähige Samen springen ab.
– Wer Samen ein bis zwei Stunden vor der Aussaat in Milch legt, fördert die Keimfähigkeit. Allerdings ist das nur bei großkörnigem Samen möglich, kleine Samen würden zusammenkleben.
– Vögel fressen keinen Samen, der mit Petroleum benetzt wurde.
– Stecklinge, die gestohlen wurden, gehen erfahrungsgemäß am besten an. Besonders dann, wenn sie in einem ganz fest mit einem Gummiband verschlossenen Plastikbeutel transportiert wurden, so daß sie nicht austrocknen. Dann setzt man sie in einen Topf mit leichter Blumenerde. In die Nähe des Topfrandes stecken, dann einen durchsichtigen Plastikbeutel über den Topf ziehen, damit die wurzellosen Pflanzen nicht austrocknen. Oder ein Einkochglas darüberstülpen.
– Überhaupt sind umgedrehte Marmeladengläser ideal, um Jungpflanzen vor Sonne, Wind und Austrocknen zu schützen.

Glückliche Gemüseehen

Erfahrene Gärtner wissen, daß durch das kombinierte Säen oder Pflanzen verschiedener Gemüsesorten diese besser wachsen und Schädlinge vermieden werden. Bewährte Kombinationen sind:

- Tomaten und Petersilie,
- Kartoffeln und Dill,
- Kohlarten und Dill oder Tomaten,
- Möhren und Zwiebeln oder Lauch,
- Blumenkohl und Lauch, Zwiebeln oder Sellerie,
- Salat und Lauch oder Radieschen.

Meiden Sie das Nebeneinander zweier Wurzel-, Blatt- oder Knollengemüse. Jede Pflanze möchte reichlich Lebensraum haben.

Gartengeräte pflegen

Den Stiel vom Spaten, der Hacke oder Spitzhacke mit breiten Leukoplaststreifen spiralartig umwickeln hilft, Blasen zu vermeiden.

Kleingeräte in einem Eimer mit Sand aufheben, sie rosten dann nicht.

Große Gartengeräte rosten nicht, wenn sie im Herbst mit einer Kerze eingerieben oder dünn mit flüssigem Wachs benetzt werden. Oder mit Kontaktspray einsprühen.

Zierkürbisse trocknen

Kennen Sie Zierkürbisse? Der Samen wird in allen Katalogen und Kaufhäusern angeboten, die Pflanzen sind recht anspruchslos und die Früchte in Farben und Formen sehr dekorativ. Nur beginnen sie leider meistens im Verlauf des Winters zu schimmeln. Es sei denn, Sie durchbohren sie mit einer Stricknadel der Länge nach und legen sie anschließend einige Zeit auf die Zentralheizung. Sie müssen sich ganz leicht anfühlen, also trocken sein.

Von Afghan bis Zecke

Afghan gut pflegen

Lesen Sie bei den Anmerkungen über *Hunde* nach!

Ameisen vernichten

Wenn Ameisen Sie auf der Terrasse oder in der Wohnung belästigen, gibt es eine Reihe bewährter Mittel:

– Den Ameisenhaufen mit kochendem Wasser übergießen.
– Einen langen Stock in den Ameisenhaufen stecken und kochendes Seifenwasser hineingießen.
– Einen Teil Kampfer mit neun Teilen Spiritus vermischen und über den Ameisenhaufen gießen.
– Kampferöl in das Loch gießen.
– Kampferstücke in Spiritus tauchen und als Köder auslegen.
– Schälchen mit einer Mischung von Seifenlauge und Zuckerwasser aufstellen.
– Einen Schwamm mit Zuckerwasser tränken. Den Schwamm von Zeit zu Zeit in einen Topf mit kochendem Wasser werfen. Die zahllosen im Schwamm herumkrabbelnden Tiere kommen um.
– Eine Mischung aus einem Drittel Hefe und zwei Dritteln Honig hinstellen, die Brut geht an der Hefe zugrunde.
– Einen glasierten Topf von etwa 1 l Inhalt mit ½ l Zuckerwasser füllen. Den Topf mit einem festen, dicken Papier hermetisch zubinden. In die Mitte ein erbsengroßes Loch stechen. Die Tiere krabbeln hinein und können nicht mehr heraus.
– Zitronen, am besten leicht angeschimmelte, auf die Kriechstraße legen.
– Kerbelblätter ausstreuen.
– Backpulver streuen.
– Schwefelpuder streuen.
– Chlorkalk um Haus und Garten streuen.
– Pottasche mit Zucker vermengen und ausstreuen.
– Den Boden mit schalem Bier aufwischen.
– Tomatenpflanzen auf die Küchenfensterbank stellen.

– Kerbel, Ringelblumen und Tagetes (Sammet- oder Studentenblume) säen.
– Täglich einen Kreidestrich auf das Fensterbrett oder am Terrassenrand ziehen. (Hilft nicht bei allen Ameisenarten.)

Aquariumsfische füttern

Junge Fische mögen trockene Quark- oder Hüttenkäsekrümel ausgesprochen gerne. Eine eiweißreiche, fettarme Kost.

Kalkränder in Aquarien vermeiden

Das Aquarium gründlich mit kalklösenden Mitteln (Essig, WC-Reiniger oder Glanzspüler) reinigen, dann mit Regenwasser füllen oder abgekochtes und abgekühltes Wasser nehmen oder einige Brocken Granit, Gneis, Schiefer oder Basalt ins Aquarium legen.

Blattläuse vermeiden

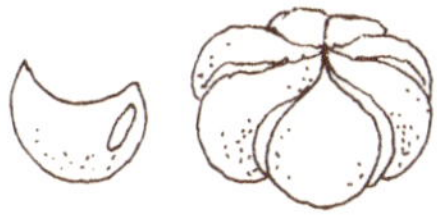

Pflanzen Sie *Knoblauch* oder *Lavendel*, insbesondere in die Nähe Ihrer Rosen. Auch *Tagetes* (Sammet- bzw. Studentenblume), das ist inzwischen wissenschaftlich bewiesen, enthalten Stoffe, die die Blattläuse nicht vertragen können.

... und vernichten

Wenn Ihre *Topfpflanzen* von Blattläusen befallen sind, haben Sie sie wahrscheinlich nicht genug gegossen.

Streuen Sie Zigaretten- oder Zigarrenasche auf die Erdoberfläche. Im übrigen werden Blattläuse auf Zimmer- und Gartenpflanzen wie folgt bekämpft:

– 80 g Alaun in einem Liter kochendem Wasser auflösen, auf zwei Eimer Wasser verteilen. Diese Brühe mit Hilfe der Gießkanne oder der Spritze über die befallenen Pflanzen gießen. *Topfpflanzen* kopfüber in die Lösung tauchen, dabei den Topf mit der Erde gut festhalten.

– Zum Bespritzen befallener Pflanzen können Sie auch 40 g Schmierseife in einem Liter kochendem Wasser auflösen. Geben Sie ⅛ l Petroleum und zwei große Eimer Wasser dazu. Darauf achten, daß auch die Unterseiten der Blätter mit der Flüssigkeit besprüht werden.

– Oder füllen Sie einen Blumentopf mit Holzwolle. Montieren Sie einen Haken durch das Loch und hängen Sie den Topf in den Obstbaum. Schon nach kurzer Zeit werden sich Ohrwürmer im Topf ansiedeln, die den Baum über Nacht von Läusen säubern.

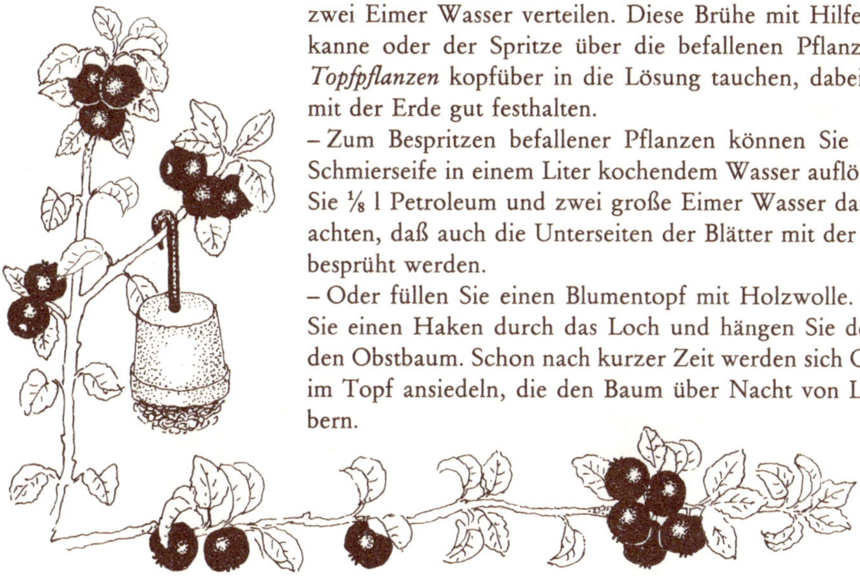

Engerlinge vermeiden

Wo Mohn wächst, gibt es nie Engerlinge!

... und vertreiben

Düngen Sie Ihren Garten mit reichlich Kalk.

Erdflöhe vermeiden

Streuen Sie Algenkalk (aus der Gärtnerei), er wird von Erdflöhen gemieden und düngt zugleich.

... und vertreiben

Stecken Sie einige Dutzend Streichhölzer kopfunter in die Nähe der befallenen Pflanzen, Schwefel und Phosphor wirken garantiert.

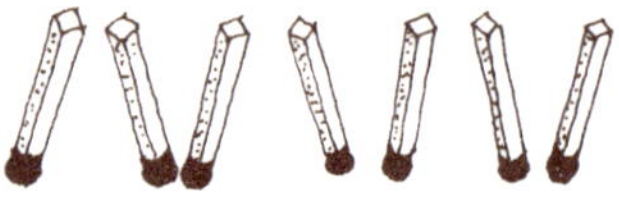

Fliegen vermeiden

– Fliegen mögen keine blaue Farbe! Darum sind altmodische Speisekammern und Küchen oft blau gestrichen oder gefliest. Hauseingänge in arabischen Häusern wurden häufig blau angestrichen. Stellen Sie eine kobaltblaue Flasche auf die Fensterbank.

– Fliegen mögen keinen Durchzug, auch keine Dunkelheit, weswegen Mittelmeervölker im Sommer die Räume durch Jalousien und Vorhänge abdunkeln.

– Fliegen mögen auch keine Küchen, in denen gelegentlich ein Tropfen Essig auf der Kochplatte verdampft.

– Fliegen meiden Räume, auf deren Fensterbänken Teller mit Essigwasser oder Lorbeeröl (gibt es in Drogerien und Apotheken) stehen oder auch Sträuße von Lorbeerzweigen, Brennesseln oder Lavendelblüten.

– Sie können aber auch die Fensterrahmen mit Lorbeeröl streichen oder einige Zwiebelscheiben offen auslegen.

– Wenn Fliegen Zuckerwasser, welches mit Saccharin gemischt wurde, naschen, sterben sie. Vorausgesetzt, der Saccharinanteil war hoch genug, nämlich etwa 20 Tabletten auf $\frac{1}{10}$ l Wasser.

– Wer eine Handvoll getrockneter Lavendelblüten in ein Taschentuch knotet und neben sein Kopfkissen legt, wird im Schlaf gewiß nicht von Fliegen belästigt werden.

– Schließlich hassen Fliegen Esel, Maultiere, Pferde und Kühe, deren Fell mit einem in Karbolwasser getauchten Schwamm abgerieben wurde.

Sicherer Flohtod

Eine Schüssel mit Seifenwasser aufstellen, einen dünnen Ölspiegel daraufgießen, in die Mitte der Wasserschüssel eine lange brennende Kerze stellen. Bei Nacht springt der Floh gegen das Licht, fällt herab, wird durch das Öl festgehalten, ertrinkt und stirbt an der Seifenlauge.

Flöhe fangen Mit weißen Wollstrümpfen durch die Wohnung gehen. Die Flöhe springen garantiert auf die Strümpfe und lassen sich dann leicht ablesen.

Ausgang für Hasen und Meerschweinchen Lassen Sie Hasen und Meerschweinchen im ausgedienten, mit Maschendraht ausgekleideten Kinderlaufstall auf der grünen Wiese hoppeln. Vergessen Sie aber nicht, durch ein ausgedientes altes Bettlaken ein Sonnensegel darüber zu bauen!

Holzwürmer töten 15 g Karbolsäure in einem Viertelliter Wasser auflösen und das befallene Holz damit bepinseln. Riecht zwar, hilft jedoch garantiert. Möglichst zwei- bis dreimal wiederholen. Oder mischen Sie zu drei Teilen Tetrachlorkohlenstoff mit einem Teil Terpentin und einigen Tropfen Paraffin. Damit die Holzwurmlöcher mehrere Male bestreichen. Tragen Sie bei dieser Prozedur unbedingt Gummihandschuhe. Siehe auch Seite 68.

Hunde-Futter-Weisheiten

– Hundenäpfe rutschen beim Fressen nicht davon, wenn ein Stückchen selbstklebender Schaumgummi oder ein Einmachring daruntergeklebt wird.

– Damit Ihre Lieblinge auch bei Ameisenplage (Tips dagegen siehe unter »Ameisen«) sorglos ihre Mahlzeiten genießen können, stellen Sie das Schüsselchen in eine größere flache Schale, die mit Wasser gefüllt wird. Gottlob ist Wasser eine für Ameisen unüberwindbare Barriere!

– Meinen Sie, Ihr Hund frißt kein Dosen- oder Trockenfutter? Lassen Sie ihn zunächst drei Tage hungern, dann setzen Sie ihm *Ihre* Wunschkost vor. Ehe er weiter leidet, wird er Ihre Wahl akzeptieren und fressen. Wenn Sie standhaft sind, werden Sie gewinnen. Uns Menschen würde es nicht anders ergehen.

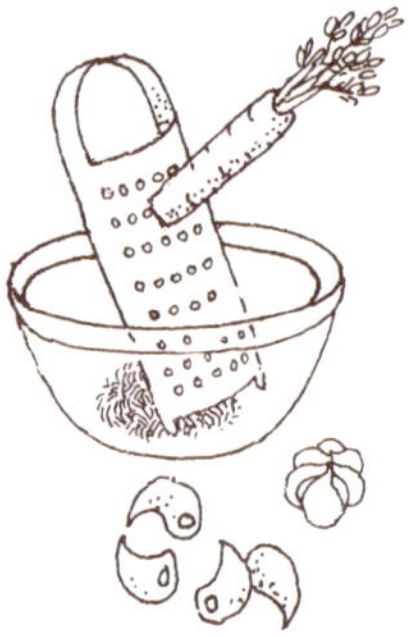

– Rohe oder gekochte, entsprechend der Größe des Hundes zerkleinerte Innereien mit rohen Haferflocken, gekochtem Reis oder Graupen gemischt sind als Hundefutter vorzüglich. Reiben Sie zusätzlich rohe Möhren darunter und hacken Sie Petersilienstengel und Knoblauchzehen fein. Dann bekommt der Hund bestimmt keine Würmer!

– Mischen Sie regelmäßig etwas Leinsamen unter das Futter. Aber bitte nicht zuviel, sonst bekommen die Tiere Durchfall. Bellos Fell wird glänzen.

– Um Haarverlusten vorzubeugen, machen Sie bei Hunden oder Katzen im Frühjahr und Herbst eine Hefekur! 5 g Hefe in etwas Milch auflösen und schlecken lassen oder einflößen. In der Hefe ist nämlich sehr viel Vitamin B.

Hunde und Katzen von Polstermöbeln vertreiben

Sollen Susi oder Lumpi nicht auf den feinen Seidenpolstern, sondern in ihren Körbchen schlafen, Pfeffer auf die Polstermöbel streuen! Dann werden sie selbst bei Herrchens Abwesenheit gemieden.

Hunde aus Vorgärten und von Hauswänden fernhalten

Vorgärten, die mit Berberitzen bepflanzt sind, werden von Hunden ebenso gemieden wie Wände, die mit Karbol- oder Lysollösung übergossen oder mit Pfeffer bestreut wurden.

Ungeziefer von Hunden oder Katzen vertreiben

Zwölf Hände voll Wermutkraut mit kochendem Wasser übergießen, zugedeckt über Nacht stehenlassen, mit Wasser auf acht Liter auffüllen, das Tier darin baden. Achtung, das Wasser darf nicht in die Ohren dringen!

Sicheres Mittel gegen *Hundeflöhe* und *Zecken:* Walnußblätter oder Farnkraut ins Hundekörbchen oder die Hundehütte legen.

Wunde Pfoten

Hunde und Katzen bekommen vor allen Dingen durch Streusalz schnell wunde Pfoten. Bei starkem Frost die Tierpfoten beim Nachhausekommen kurz unter fließendem Wasser abspülen. Dann mit Babyöl einfetten.

Durch fleißiges Lecken und Benetzen mit Speichel heilen die meisten Wunden auf natürliche Weise. Wenn Sie etwas dazutun wollen, beispielsweise bei Schwellungen, die Pfote in Desinfektionsmittel baden und die wunde Stelle mit Lanolin einreiben. Oder mit Lebertransalbe oder Honig bestreichen, ein Pflaster aufkleben. Um dies später zu lösen, ohne daß die Haare der Vierbeiner herausgerissen werden, das Pflaster einige Minuten mit Wundbenzin benetzen. Es läßt sich leicht vom Fell ziehen.

Igel im Garten

Verwöhnen Sie Ihren »Mecki« gelegentlich mit einem Schälchen Milch oder einigen Obstschnitzen. Weil er ein eifriger Drahtwurmfresser und Schneckenvertilger ist, sollten Sie sich bemühen, daß Ihr Untermieter nicht zu schnell Ihr Revier verläßt.

Kartoffelkäfer unerwünscht

Wer verhindern möchte, daß die Kartoffeln von lästigen Kartoffelkäfern heimgesucht werden, sät um das Kartoffelfeld oder -beet eine dünne Reihe Kümmel.
Kümmelsaat ist auch in Kombination zu Weißkohl oder Roten Rüben angeraten!

Katzenfutter

– Löwen und Tiger ernähren sich auch nicht von Milch. Wenn Sie Ihrer Katze statt Milch Wasser geben, werden Sie eine sehr gesunde Katze haben, die weder Durchfall noch Würmer bekommt.
– Geben Sie ihr regelmäßig Fisch- und Fleischmahlzeiten. Gut sind eingeweichte Hundekuchen mit kleinen rohen Fleischbröckchen.
– Damit die Etagenkatze ihren Verdauungskanal in Ordnung halten kann, ist es ratsam, in einer flachen Blumenschale von Zeit zu Zeit Haferkörner zum Keimen zu bringen. Sie werden erstaunt sein, wie gierig Ihre Muschi sich am frischen Grün gütlich tut!
– Füttern Sie Ihre Katze zweimal täglich und nehmen Sie übriggebliebene Speisereste spätestens eine halbe Stunde nach der Mahlzeit fort. Tagsüber genügt ein Schälchen mit frischem Wasser. Das sollte Ihre Katze immer vorfinden.

Noch mehr Katzenweisheiten

– Im neunten Monat des Katzenlebens ist es Zeit, den Tierarzt aufzusuchen, damit Kater oder Katze nicht mehr weiteren Nachwuchs bekommen. Überlegen Sie sich – falls doch einmal Katzenkinder in Ihrem Haus zur Welt kommen – frühzeitig, wer die Tiere abnehmen wird.
– Herbstkatzen werden selten sauber!
– Wenn Katzen Vögel fangen, ist es ratsam, ihnen die toten Vögel wortlos um die Ohren zu schlagen, so daß die Katze meint, der Vogel sei so wehrhaft!
– Um Katzen von Kindersandkästen fernzuhalten, begießen Sie den Sand mit einer Desinfektionslösung, besonders die Ränder des Kastens. Katzen meiden Nässe und hassen den Geruch, den Kindern schadet das Mittel nicht!
– Katzen dürfen nicht in Blumentöpfen kratzen! Natürlich nicht, aber wenn sie doch so verführerisch sind! Grobe Kieselsteine obenauf legen, da bleibt außerdem die Erde länger feucht.
– Was für Hunde gilt, trifft oft auch für Katzen zu. Siehe Seite 31 und 32.

Kellerasseln vertreiben

Wußten Sie schon, daß Kellerasseln alle Stellen, an denen Gurkenschalen liegen, fluchtartig verlassen? Kellerasseln kriechen garantiert in Flaschen, die mit einem Eßlöffel Weingeist ausgespült wurden, vorausgesetzt, die Flaschenmündung liegt auf dem Boden. Sie werden durch den Alkohol betäubt, so daß sie anschließend vernichtet werden können.

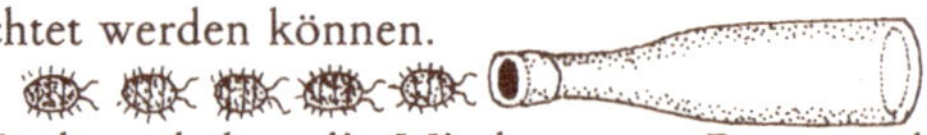

Dynamit für Küchenschaben?

In der Tat: wenn Küchenschaben die Mischung von Borax und Zucker fressen, platzen sie!
Oder Mehl mit gleichen Teilen Insektenpulver und Borax vermischen, am Abend auf den Küchenfußboden streuen. Vor dem Zubettgehen den Boden mit den betäubten Schaben auffegen, in der Toilette fortspülen.

Maulwürfe vertreiben

Maulwürfe meiden Gärten, in denen Flaschen umgekehrt in den Boden gesteckt wurden, so daß die Flaschen etwa zehn Zentimeter aus dem Boden ragen. Wenn der Wind über die Beete streicht, beginnen die Flaschen zu singen, ein Geräusch, das die Maulwürfe gar nicht mögen.
Oder stecken Sie einen mit Petroleum getränkten Lappen in die Maulwurfsgänge.

Der sichere Mäusetod

– Die Spitzen von Streichhölzern abkratzen, die Krümel mit Käse verkneten, irgendwo auslegen.
– Oder getrocknete Oleanderblüten mit Sand vermischt in die Gänge stecken.
– Mäuse auf das Nachbargrundstück jagen!
– Legen Sie ein Stückchen Kampfer oder terpentingetränkte Lappen in das Mäuseloch. Hilft auch bei Wühlmäusen. Aber bitte in jedes Loch!

Keine Möhrenfliegen im Garten

Wer Dill oder Zwiebeln in die Nähe der Möhren sät, wird gesunde Möhren ernten.

Motten

Eine weibliche Motte legt jährlich zwei- bis dreimal je 200 Eier ab und kann mit ihren Nachkommen in einem Jahr 40 kg Wolle fressen!

Motten lieben
– fettige Kleidungsstücke
– schmutzige Kleidungsstücke
– solche aus Wolle
– oder aus reiner Seide
– und ganz besonders Pelze!
– Aber auch Federn, Käse, Schinken und Nudeln.

Motten hassen
– Essigdämpfe, darum Wollstoffe mit essigwassergetränkten Tüchern aufdämpfen
– Alaun, darum Alaun in Taschentüchern verknotet in Taschen von Pelzmänteln verstecken
– Panamarinde, auf gleiche Weise anwenden
– Orangen, dicht mit Nelken bespickt

– Senfkörner	– Kampfer
– Waldmeistergrün	– Nelkenöl
– Lavendelblüten	– frisches Zeitungspapier
– Salbeiblätter	– Kälte
– Thymian	– gereinigte Kleidung
– Naphthalin	– eulanisierte Wollsachen

– und natürlich auch Flit, aber das mögen wir doch auch nicht, oder?

Um den Geruch von *Mottenkugeln* zu entfernen, die Kleidungsstücke in die Sonne oder in Ofennähe hängen. Naphthalingeruch wird nämlich durch Wärme beseitigt.

Mücken vertreiben

Neben das Bett ein Schälchen stellen, auf dem ein mit Eukalyptusöl oder Nelkenöl getränkter Wattebausch liegt. Siehe auch »Fliegen« Seite 30 und »Mückenstiche« Seite 56.

Ratten vertreiben

Vermengen Sie in einem kleinen Schälchen Chlorkalk mit Essig.

Raupen vertreiben

Raupen können zur lästigen Gartenplage werden. Werden die Triebspitzen Ihrer Pflanzen und Sträucher von Raupen befallen, streuen Sie großzügig Algenkalk (aus der Gärtnerei) auf die darunterliegenden Beete. Algenkalk vertreibt nicht nur die Raupen, er fördert gleichzeitig den Pflanzenwuchs. Auch Knoblauch pflanzen hilft.

Schnecken vertreiben

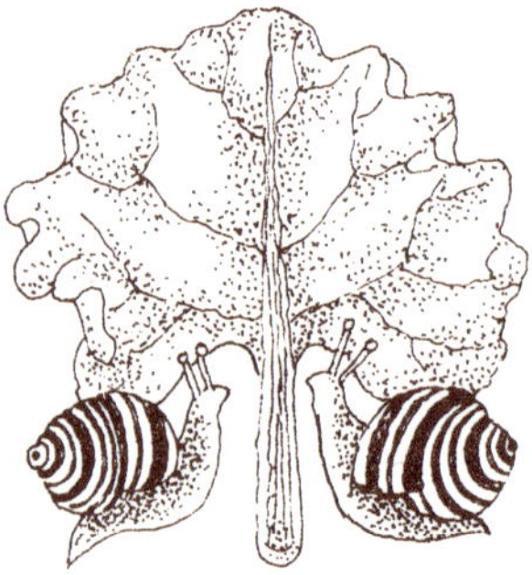

– Schnecken meiden übrigens alle Gärten, in denen viel Salbei oder Thymian angepflanzt wurde.
– Legen Sie Rhabarberblätter aus, die Schnecken kriechen während der Nacht darunter.

– Das gilt auch für Dachziegel!
– Oder vermischen Sie 2 kg Kainit mit 100 g Kupfervitriol.
– Streifen von Eisensulfat, Streusalz, Sand, Gerstenspreu, Ruß oder trockenen Tannennadeln bilden für Schnecken unüberwindliche Hindernisse.
– Stellen Sie Schälchen mit Bier auf. Wirkt garantiert.

Silberfischchen sind hartnäckig

Aber gegen Salmiakdämpfe haben sie etwas einzuwenden. Schalen mit Salmiakwasser in die Küche oder das Badezimmer stellen. Türen, Fenster und Abzugslöcher fest verschließen, frühestens nach 24 Stunden öffnen.

Wenn Hansi Untermieter hat

Wenn der *Vogel* Milben hat, hängen Sie ein Stückchen alten Filz in den Käfig, die Untermieter ziehen garantiert um!

Zecken bei Menschen oder Tieren

Zecken, die sich während der Sommermonate vor allen Dingen in das Fleisch von Katzen und Hunden, zuweilen auch von Menschen, eingraben, zunächst mit Öl, Alleskleber oder Petroleum beträufeln, dann entgegen dem Uhrzeigersinn herausdrehen. Sonst laufen Sie Gefahr, daß der Kopf im Fleisch stecken bleibt und Entzündungen hervorruft.

für
Kinder
&
Babys

Das erste Fläschchen am Morgen

Wenn Sie keinen elektrischen Flaschenwärmer besitzen, können Sie die erste Mahlzeit schon am Abend zubereiten und heiß in eine Thermosflasche füllen. Wenn Sie sie am folgenden Morgen ins Babyfläschchen umgießen, hat sie die richtige Temperatur.

Babyfläschchen warm halten

Für kurze Zeit das Fläschchen mit Alufolie umwickeln oder in eine Styroporhülse stecken. Aber aufpassen, Keime entwickeln sich rapide in lange warm gehaltener Milch!

Schmackhafter Gemüsebrei

Babys lieben Suppenwürze und süße Speisen. Versuchen Sie, den Gemüsebrei abwechselnd mit flüssiger Suppenwürze oder Nährzucker zu würzen, der Erfolg ist erstaunlich.

Beerenobst für den Brei auspressen

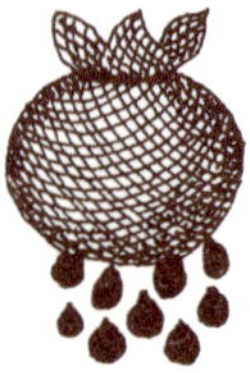

Schneiden Sie aus Resten von synthetischen Gardinen etwa 20 cm große Quadrate. Darauf jeweils eine Portion Beerenobst geben, bündeln und mit der Faust zerdrücken. Wenn Sie eine genügende Anzahl Stoffstücke bereit haben, können Sie diese gleich zusammen mit den Obstrückständen in den Abfall tun.

Babynahrungsgläser mit Twist-off-Deckeln

Bitte auf keinen Fall fortwerfen. Gründlich spülen und sammeln. Wenn Sie das nächste Mal Apfelmus oder Kompott kochen, die Gläschen randvoll füllen, sofort verschließen. Der Inhalt hält sich und reicht gerade für eine Kinderportion!

Wenn das Kind aus dem Becher zu trinken lernt

Ihr Kind möchte gern bald selbst den Becher halten. Spannen Sie um den Becher einige Gummibänder, dann rutschen die kleinen Hände nicht so leicht ab.

Keine Haut auf dem Kinderkakao

Kakao und natürlich auch Milch bekommen keine Haut, wenn Sie die heiße Milch durch einen kleinen Eiswürfel schockieren!

Schreiendes Kind beruhigen

Flüstern Sie Ihrem Kind ganz leise etwas ins Ohr, es hört sofort auf zu schreien. Leise flüstern hilft übrigens auch, wenn Ihr erwachsenes Gegenüber Sie anschreit!

Babypuderbehälter

Bitte nicht fortwerfen. Sie eignen sich als Wäschesprenger oder zum Bespritzen der Topfpflanzen.

Wunde Babypopos

Ist das Kind wund? Fönen Sie den Po nach dem Säubern, damit er wenigstens einmal trocken ist. Dann eincremen und pudern. Ein bewährtes Mittel zur raschen Heilung.

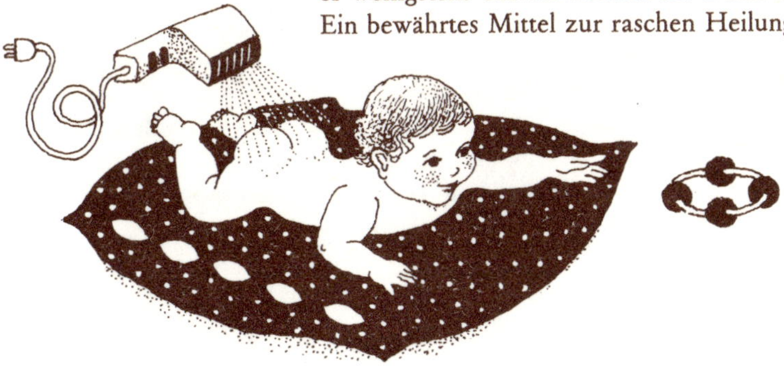

Windelhosen bleiben weich

Windelhosen sollten nach dem Kochen nur heiß, keinesfalls kalt gespült werden.

Bettnässen muß nicht sein

Die Fußenden des Kinderbetts auf zwei Klötze stellen, so daß die Füße etwas höher als der Kopf liegen. Abends wenig zu trinken geben, gegen 22 Uhr nochmals aufwecken und zur Toilette gehen lassen, sind meistens bekannte Tips. Hängen Sie außerdem im Kinderzimmer einen Faltkalender und einen zweifarbigen Buntstift auf. Trockene Nächte werden mit einer roten o, feuchte mit einem blauen I vom Kind gekennzeichnet. Die Freude, daß der Kalender mit der Zeit immer roter wird, hilft, das Übel zu bekämpfen. Bettnässer haben vielfach seelische Schwierigkeiten. Versuchen Sie, die Probleme zu ergründen und zu beseitigen.

Mütter müssen gesund bleiben

Haben Sie ein krankes Kind? Oder ein noch nicht ganz gesundes Kind? Haben Sie vielleicht auch eine Katze oder einen kleinen Hund? Zugegeben, normalerweise sollte das nicht eingeführt werden, ist aber im Krankheitsfall erlaubt: Geben Sie dem Kind Kätzchen oder Hündchen ins Bett, und es wird sich nicht einsam fühlen. Es ist erwiesen, daß 80% aller »Mama-Rufe« durch die kuscheligen Lebewesen absorbiert werden. Bitte beim nächstenmal ausprobieren. Es ist ja noch kein Kind gestorben, weil es gemeinsam mit Hund oder Katz' schlief! Die Nerven der Mutter werden geschont; durch deren Ausgeglichenheit wird die Heilung gefördert.

Beschäftigung fürs kranke Kind

Lassen Sie Ihr Kind aus dünnen bunten Zeitschriften Gegenstände nach eigener Wahl ausschneiden. In ein nicht zu kostbares Fotoalbum kleben. Diese Sammlung wird unter Umständen zum schönsten Bilderbuch des jüngeren Schwesterchens.

Fliegen aus dem Kinderzimmer vertreiben

Wenn Fliegen um das Babybett schwirren, machen Sie kurz Durchzug im Zimmer. Stellen Sie dann einen Teller mit Essig oder Essigessenz auf die Fensterbank, das mögen Fliegen nämlich gar nicht. Siehe auch Seite 30.

Praktische Kinderbettwäsche

Ärgern Sie sich über verrutschte Kinderbettlaken? Nähen Sie für die Kinderbettmatratzen Bezüge, die genau darübergezogen werden. Mit Bändchen oder Patentdruckknöpfen an der Schmalseite verschließen. Nichts rutscht! Es bedeutet auch nicht mehr Wäsche, denn die Matratze braucht nur gewendet zu werden und kann beiderseitig benutzt werden.

Kindergarderobe

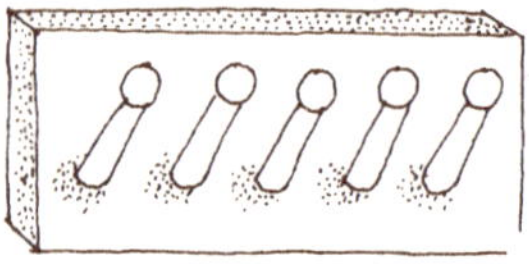

Mehrere Mantelhaken auf eine Leiste schrauben, diese zunächst in Türklinkenhöhe anschrauben. Je mehr die Kinder wachsen, je höher rutscht die Leiste, es sind aber immer nur zwei Löcher für alle Haken notwendig. Achten, daß der Spiegel bis zum Boden reicht; auch die Kleinen möchten sehen, ob sie »chic« sind.

Klingel und Schlüssel markieren

Damit das Kind aus der Vielzahl der Hausklingeln bzw. Schlüssel die richtige Wahl trifft, diese mit einem Tupfen farbigem Nagellack oder Ölfarbe kennzeichnen.

Anhänger für den Jahrmarktsbesuch

Kleben Sie ein Adreßschildchen auf ein Schlüsseletikett, das Sie mit einer Sicherheitsnadel an die Kleidung stecken, dann dürfen Sie beruhigt sein, wenn eines der Kinder verlorengeht.

Sicherheit immer griffbereit

Überall eine Sicherheitsnadel hinter dem Revers oder am Rocksaum. Kinderreiche Mütter wissen, in wie vielen Fällen es so hilfreich ist, unterwegs etwas feststecken zu können.
Also gleich zwei Dutzend kaufen und verteilen!

Kinderzimmerfenster sichern

Damit Ihr Kind nicht unbeaufsichtigt das Fenster öffnet, einen Vierkantgriff zum Abziehen anbringen, den Griff an ein Gummiband binden und bei Nichtgebrauch so hoch wie möglich aufhängen.

Kinderunfälle vermeiden

Unfälle mit giftigen Lösungsmitteln, Reinigungsflüssigkeiten, heißem Wasser, heißem Fett sind ebenso schwerwiegend wie solche mit Schneidegeräten, elektrischen Geräten oder Steckdosen. Sie könnten alle vermieden werden, wenn wir Erwachsenen besser aufpassen würden. Weisen Sie auch Tanten und besuchende Großmütter auf die Gefährlichkeit von heißen Kaffeekannen hin, die mit der Tischdecke heruntergezogen werden, von über den Herdrand hinausragenden Pfannenstielen, herumliegenden Plastiktüten, die über den Kopf gestülpt werden könnten, und langen Schnüren! Warnen Sie aber auch Ihr Kind vor Gefahren und bringen Sie ihm altersgemäß bei, sicher und verantwortungsbewußt mit Streichhölzern und Schneidegeräten umzugehen.

Ordnung im Kinderzimmer

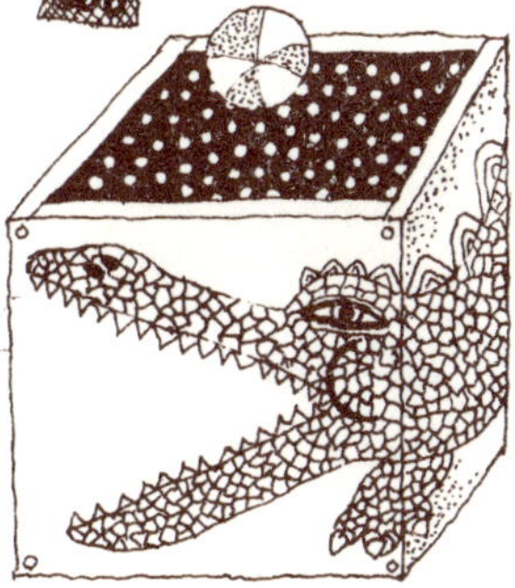

Nähen Sie Ihren Kindern, möglichst für jedes Kind in einer anderen Farbe, große Säcke, die ähnlich wie Wäschebeutel auf Bügel gehängt werden. Durch den vorderen Schlitz kann aller herumliegende Krimskrams verschwinden.
Oder basteln Sie »Krims-Krams-Kisten«, die innen mit abwaschbarer Folie ausgeschlagen und außen bunt lackiert werden. Die Kisten können manchmal auch als Sitzgelegenheiten dienen.
Eine drei bis vier Zentimeter breite Weichholzleiste bunt lackieren und mit einigen Schrauben an der Kinderzimmerwand befestigen. Nun können alle »Gemälde« mit Heftzwecken daran aufgehängt werden, ohne daß die Reißzwecken krumm werden oder die Wand beschädigt wird.

Bücherregal nicht nur für junge Leute

Auch für Vagabunden, die oft ihren Wohnort wechseln, sind diese Regale praktisch. Sie werden aus hübschen roten Ziegelsteinen und gehobelten hellen oder dunkel gebeizten Fichtenbrettern zusammengebaut und machen beim Umziehen keine Beschwerden; denn genauso schnell, wie sie aufgebaut werden, können sie demontiert werden. Durch Zwischenlagen ziegelsteingroßer Holzbretter können Sie die Höhen sogar in der Breite variieren.

Ordnung auf dem Schülerschreibtisch

Suchen Sie in der Baustoffhandlung einen schönen Backstein mit vielen Löchern. Er ist nicht nur als Behälter für Buntstifte, Kulis und Zirkel ideal. Sie könnten für Kleingeräte und Kochlöffel sicherlich auch einen in Ihrer Küche gebrauchen.

Muscheln, Steine, Perlen aufheben

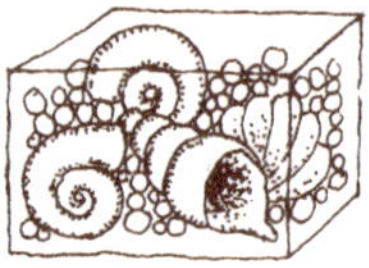

Immer das gleiche Lied. Aus jedem Urlaub werden sie heimgetragen: Muscheln, Steine, Kristalle, Wurzeln, und dazu gibt es noch allen möglichen »städtischen« Krimskrams.
Gleichmäßig große eckige Glasgefäße, die Sie im Geschäft für Laborbedarf oder in der Fischhandlung finden, damit füllen. Hübsch im Bücherregal!

Für jedes Kind einen eigenen Sandkasten

Sechs bis acht große ausgediente Lastwagenreifen, eventuell mit Ölfarbe bunt bepinseln, im Kreis auf die Erde (z. B. im Garten) legen. Die Mitte und alle Ringe mit Sand füllen. Auf dem Rand sitzt man trocken, niemand braucht sich über Holzsplitter zu ärgern, und sind die Kinder groß, ist das Sandkarussell ebenso schnell wieder abgebaut.

Kinderschaukel selbst gebaut

Jeder kann sie selbst montieren; Sie benötigen nur zwei neue Abschleppseile und einen alten Autoreifen. Und natürlich noch einen schönen kräftigen Baum mit einem möglichst horizontalen Ast. Eine halbe Stunde später beginnt das Schaukelvergnügen!

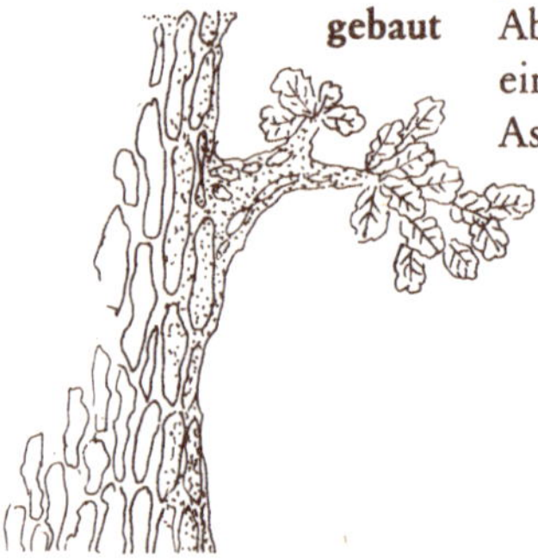

So macht Vokabellernen sogar Freude

Sie benötigen drei Schuhkartons. Auf dem ersten steht »gut können«, auf dem zweiten »mittelmäßig können« und auf dem dritten »nicht können«. Dazu brauchen Sie einen großen Stoß Kärtchen. Diese werden auf der einen Seite in deutsch, auf der anderen Seite mit den entsprechenden Wörtern der Fremdsprache beschriftet. Bunt durcheinander mischen, auf dem Tisch ausbreiten und von der oben liegenden Seite abfragen. In die Kartons einordnen. Kinder haben ein echtes Erfolgserlebnis, wenn der Karton »nicht können« leer bleibt. Bei Wiederholungen brauchen natürlich die Karten aus dem Kasten »können« nicht immer wieder untergemischt zu werden.

Schulranzen herrichten

Auf die Rückenseite des Schulranzens einen Streifen Schaumstoff kleben, dann werden Jacken und Mäntel nicht glänzend. Leuchtpunkte, auf Seiten und Vorderseite geklebt, erhöhen die Verkehrssicherheit.
Lesebücher sind schwer. Gewöhnen Sie Ihrem Sprößling an, die Schultasche dem Stundenplan entsprechend zu packen, damit das schwere, dicke Lesebuch nicht immer nutzlos hin- und hergeschleppt wird.
Frühstücksbrote für die Schule halten länger frisch, wenn Sie ein grünes Salatblatt auf den Belag legen.

Knetgummi nicht hart werden lassen

Verwahren Sie Knetgummi in fest verschließbaren Marmeladen- oder Einmachgläsern, träufeln Sie gelegentlich einige Tropfen Salatöl darauf. So bleibt er monatelang glatt und geschmeidig.

Nach Herzenslust malen

Alle Kinder möchten malen! Besorgen Sie sich aus der Druckerei eine Restrolle unbedruckte Zeitungsmakulatur oder billige Tapetenrollen. An einem dicken Seil im Kinderzimmer wie Toilettenpapier aufhängen, so daß immer wieder ein neues Stück abgerollt werden kann.
Außerdem die Kinderzimmertür mit Tafelfarbe streichen oder fertig käufliche Tafelfolie daraufkleben. Zum Auffangen des Kreidestaubs ein Stück Plastikfolie mit Heftzwecken auf der unteren Türkante befestigen. Gelegentlich den Streifen erneuern. Ziehen Sie den Kleinen beim Malen ausgediente Oberhemden, deren Ärmel gekürzt wurden, umgekehrt an.

Bei Seifenblasen gibt es keine Langeweile

Füllen Sie in ein Glas Spülmittel, etwas Glyzerin und Wasser. Dazu gibt es für jedes Kind einen langen bunten Strohhalm, in der nächsten Stunde werden die Kinder beschäftigt sein. Aufpassen, daß die Kinder die giftige Lösung nicht trinken!

Kindergeburtstag

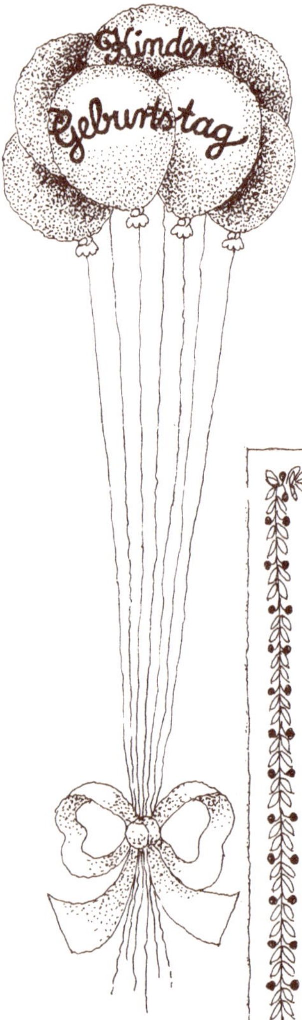

– Zerbrechliche Dinge vorher beiseite tun, auch Kosmetika aus dem Bad forträumen! Teppichboden mit dicker Plastikfolie abdecken!

– Auf den Einladungskarten Beginn und Ende notieren, damit die Eltern wissen, wann die Sprößlinge abgeholt werden sollen.

– Bei vorschulpflichtigen Kindern die Dauer nicht zu lange bemessen!

– Die Geschmäcker sind verschieden. Gönnen Sie den Kindern doch den Luxus des Bestellens. Also zuvor Speisenkarten verschicken:

»Liebe(r). . . ., ich lade Dich herzlich zu meinem Geburtstag um. . . . am. . . . ein. Bitte kreuze an, was Du am liebsten essen und trinken möchtest. Bring mir die Speisenkarte recht bald zurück. Dein(e). . . .«

Speisenkarte von. . . .

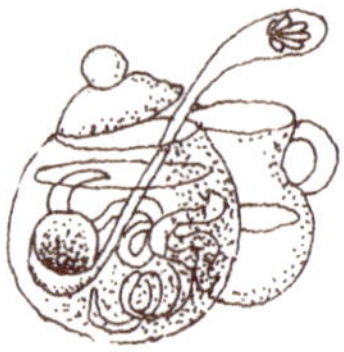

Kuchen	*Getränke*	*Abendessen*
○ Obsttorte	○ Cola	○ Würstchen
○ Nußkuchen	○ Limo	○ Brathähnchen
○ Schweineohren	○ Apfelsaft	○ Pizza
○ Negerküsse	○ Orangensaft	○ Bunter Nudelsalat
○ pikante Schnittchen	○ Spezi	○ Eis

Die einladende Mutter kann genau disponieren!

Herzliche Einladungskarten

– Schokoladenherzen in Stanniol wickeln, mit Eiweiß auf Karten kleben. »Liebe(r) . . . ., ich lade Dich  lich zu meinem Geburtstag ein. Dein(e) . . . .«

– Oder aus farbigem Papier große Herzen schneiden, auf diese die Einladung schreiben. In einen Briefumschlag stecken.

Erfolgreiche Bewirtungen

Schälchen mit Snacks aufstellen: Schokolinsen, Gummibärchen, Kekse, aber auch Radieschen, Gewürzgurken, Käsewürfel, Cocktailwürstchen, Salzbrezeln. Pikantes ist »in«. Erstaunlich, wieviel Kinder trinken können! Rechnen Sie für jedes Kind etwa einen Liter Getränk.

Auf jeden Teller einen Spieß mit Süßigkeiten oder glasierten Früchten legen, am Ende ein Fähnchen, darauf der Name des Gastes. Oder Etiketten mit Namen auf die Limoflaschen kleben, für jedes Gedeck eine Flasche!

Preise

Viele Preise bereithalten! In Cellophan verpackt, damit's schön glitzert. Mit bunten Bändchen verschnürt, an eine Leine oder einen aufgespannten Schirm befestigen. Abschneiden lassen. Es macht Spaß, die Gewinne auswählen zu dürfen.

Kein langweiliger Kindergeburtstag

Besorgen Sie große Pappen und Fingermalfarben. Nach dem Kaffeetrinken darf jedes Kind eine große Maske basteln. Zum Ankleben von Ohren, Hörnern oder scharfen Zähnen Hefter und Klebstoff bereithalten, zum Befestigen Gummibänder. Sie werden alle miteinander erstaunt sein, wie schnell die Zeit verfliegt und wie vielfältig die Ergebnisse sind. Und jedes Kind hat etwas, das es nach Hause tragen kann.

Kein Geburtstag ohne Spiele

– Bereiten Sie genügend Spiele, bekannte und unbekannte, vor. Alle Utensilien bereithalten. Zum Ende immer ein ruhiges Spiel planen. Überhaupt ist es gut, lebhafte und ruhige Spiele abzuwechseln. Bitten Sie eine befreundete Mutter, Ihnen zu assistieren!

– Einkaufstüten sammeln. Aufblasen und zerknallen lassen. Macht zwar Lärm, aber auch viel Spaß, selbst unter den scheueren Kindern.

– Ein Tablett mit verschiedenen Gegenständen etwa zwei Minuten lang zeigen, dann zudecken, die Gegenstände aufschreiben lassen.

– Verschiedene Geräusche auf Tonband aufnehmen. Raten und aufschreiben lassen.

– Abschnitte aus allgemein bekannten Geschichten vorlesen. Raten und aufschreiben lassen.

– Wie viele Murmeln, Erbsen oder Bohnen sind im Glas?

– Mit verbundenen Augen kosten lassen: Nahrungsmittel, Getränke oder Speisen (beispielsweise Puddingsorten).

– Mit verbundenen Augen aus einem großen Berg passende Schuhe zusammenfügen.

– Oder mit verbundenen Augen Erbsen und Bohnen aussortieren. Wer ist am schnellsten fertig?
– Bonbons in der Wohnung oder im Garten verstecken!
– Oder Muscheln verstecken. In jeder Muschel steht ein Buchstabe. Wer kann die meisten Wörter aus seinen gefundenen Muscheln bilden?
– Daneben gibt es eine Reihe von Spielen, die sich vornehmlich für den Garten, Strand, das Flußufer oder die grüne Wiese eignen. Wichtig ist, daß sie gut vorbereitet werden. Nachfolgend einige Anregungen.

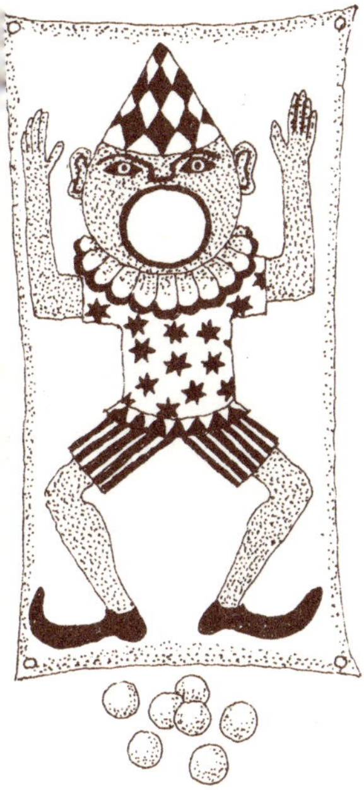

– Auf ein altes Bettlaken ein Männchen mit Riesenmund malen. Den Mund ausschneiden. Das Laken in einen Türrahmen spannen. Mit einem kleinen Ball durchs Loch zielen.
– Mit Bällen in Waschpulverbottiche zielen. Für den Wurf in den am weitesten entfernten Bottich gibt es die höchste Punktzahl.
– Eine Reihe brennender Kerzen auf einen Gartentisch stellen, aus einer bestimmten Entfernung mit einer Wasserpistole löschen lassen.
– Aus leeren Bierdosen Pyramiden bauen. Wer trifft mit dem Ball die meisten aus einer bestimmten Entfernung? Noch spannender, wenn die Dosen bunt beklebt und mit Nummern versehen wurden. Der Krach macht einen Heidenspaß! Aggressionen werden abgebaut!
– Ringe über die vier Beine eines umgedrehten Hockers werfen.
– Eierlaufen, so richtig Spaß macht es natürlich mit rohen Eiern!
– Oder Bohnen löffelweise über eine längere Strecke vom Glas des einen Endes in das leere Glas des anderen Endes transportieren. Heruntergefallene Bohnen einzeln mit dem Löffel aufheben!
– Tauziehen. Zwei Gruppen kämpfen gegeneinander!
– Sackhüpfen, dafür große Plastiktüten sammeln.

Zwei Spiele für eine lustige Runde

– Mehl auf einen Teller häufen, in die Mitte des Bergs ein Ei setzen. Jeder Spieler bekommt einen Teelöffel und muß reihum etwas vom Mehl auf einen danebenstehenden Teller schöpfen. Zunächst keine Schwierigkeiten, aber wehe dem, bei dem das Ei schließlich umfällt.
– Eine Variation, die auch bei Erwachsenen an Hütten- und Bierabenden beliebt ist. Ein großes Stück Käse auf den Tisch

stellen, in die Mitte aufrecht ein Streichholz stecken. Alle dürfen reihum ein Stück Käse abschneiden. Aber der, bei dem das Käsestück mit dem Streichholz umfällt, wird zum Zahlen verurteilt.

Ratespiele mit Kindern im Auto

Wie lange dauert es bis zur nächsten Ortschaft? Wer entdeckt die meisten Kühe? Oder rote Volkswagen? Mannschaften bilden sich, die sich auf die rechte oder linke Straßenseite konzentrieren. Seien Sie erfinderisch!

Minibilderbücher für die Reise

Sammeln Sie frühzeitig Minibilderbücher, die die Kinder während der Reise ansehen und vielleicht sogar ausmalen können.

Reisegepäck für Kinder

Vergessen Sie nicht, diese drei Spiele einzupacken: *Domino, Mikado* und *Packesel.* Kaum Platz, viel Zeitvertreib.

Schimpfwortkasse für den Zoobesuch

Wenn in den Ferien alle Familienmitglieder jeden Tag länger beisammen sind, vielleicht sogar »Mensch ärgere Dich nicht« spielen, fällt sicherlich manches Schimpfwort. Aber nun ist auch die beste Gelegenheit, konsequent damit Schluß zu machen. Jedes Kind bezahlt 5 Pfennig, jeder Erwachsene 50 Pfennig. Zum Ferienende wird der Kasseninhalt auf dem Jahrmarkt oder im Zoo verjubelt.
Das Spiel kann auch zur Verbesserung schlechter Tischmanieren eingeführt werden.

Haustelefon für Kinder

Durch die Böden von zwei Joghurtbechern jeweils ein Loch bohren. Eine dünne Perlonschnur (Angelleine) durchziehen, verknoten. Ein Kind spricht in einen Joghurtbecher, während das andere sich den zweiten Becher als »Hörmuschel« ans Ohr legt. Die Leine leitet den Ton bis zu 30 Metern.

Bald schon an Weihnachtsgeschenke denken

Sammeln Sie mit den Kindern im zeitigen Frühjahr halbverrottete Herbstblätter, bei denen man die schöne Struktur der Blattrippen erkennen kann. Zwischen Zeitungen und dicken Bücherstößen beschwert pressen. Dann mit klarem Leim auf Tischkarten, Einladungskarten, Lampenschirme oder Kästchen kleben, eventuell mit Zaponlack überstreichen.

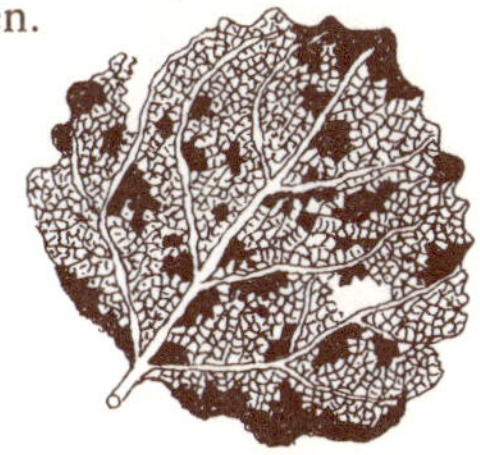

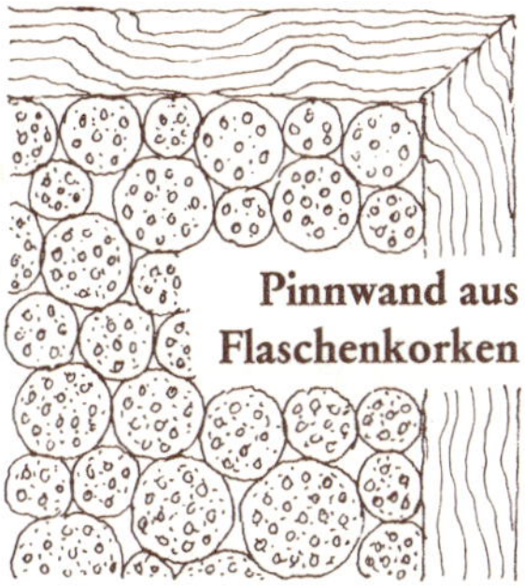

Pinnwand aus Flaschenkorken

Sammeln Sie Korken gleicher Länge. Sie benötigen etwa 300 Stück. Ein Holzbrett dunkel beizen, auf den Rand vier auf Gehrung geschnittene Leisten kleben. Das Mittelfeld eng mit dicken und dünnen Korken möglichst gleicher Länge eng bekleben. Ideal als Pinnwand.
Gut von Kindern als Weihnachtsgeschenk zu basteln.

Nähgarnbrett für die Großmutter

Ein praktisches Weihnachtsgeschenk aus einem buntlackierten Holzbrett und zwei Dutzend großer Nägel. Die Nägel in gleichmäßigen Abständen etwas schräg aufnageln. Die Rückseite des Bretts mit doppelseitigem Klebeband bekleben. An die Innenseite einer Schranktür geklebt, können alle Garnrollen ordentlich aufgehoben werden.

Bohnenbilder kleben

Eine dicke Holzplatte, beispielsweise 13x21 cm oder 21x34 cm groß, zunächst dunkelbraun beizen. Einen kleinen Aufhänger auf der Rückseite jetzt schon anbringen, wenn Sie nämlich damit bis zum Schluß warten, ist das weit schwieriger! Umrisse von Hahn, Ente, Elefant, einer Häusergruppe oder ein beliebiges anderes Motiv darauf zeichnen. Die Felder mit roten, gelben, schwarzen, weißen Bohnen, Linsen, Erbsen, Gewürzen und ähnlichem dicht bekleben. Der Effekt ist erstaunlich! Er erhöht sich, wenn das Gemälde zum Schluß noch mit Klarlack überzogen wird.

Ketten für den Christbaum

Sammeln Sie das Jahr über Wachsreste. Sortenweise schmelzen, in Pralinennäpfchen gießen oder kleine Ausstechhörnchen auf eine Marmorplatte legen und diese mit Wachs füllen. Mit einer glühenden Strick- oder langen Stopfnadel Löcher hineinschmelzen. Dann einen dicken Baumwollfaden durchziehen. Hübsch in verschiedenen Farben.

Ketten aufziehen

Für die ganz kleinen Kinder sind lange Schnürsenkel und Holzperlen ideal. Die Perlenschnüre, soweit sie nicht mit Drahtspitzen versehen sind, in Nagellack tunken. Neben allen möglichen Sorten von Perlen können Sie auch aus Kernen, naturfarbigen oder gefärbten Bohnen, Muscheln, eventuell mit Fellstückchen kombiniert, lustige Ketten kreieren.

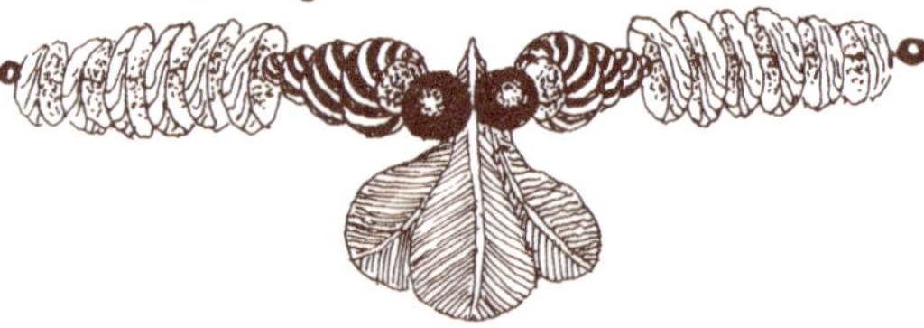

Geburtstagskalender

Wünschen Sie sich von Ihren Kindern einen selbstgemalten Geburtstagskalender, der viele Jahre vorhält. Nicht zu groß. Hängen Sie ihn an die Tür des stillen Örtchens, dort werden Sie automatisch daran erinnert, wann Sie Tante Elfriede gratulieren sollten.

Leiste für Ketten

Eine Leiste in Schrankbreite sägen, die Kanten nachschmirgeln. Hübsch bemalen. In gleichmäßigen Abständen von 2 bis 3 cm Kupfernägel, die Sie in Geschäften für Bootsbedarf bekommen, leicht schräg hineinschlagen. Dann die Leiste in die Tür des Kleiderschranks schrauben oder mit doppelseitigem Klebeband ankleben. Sehr gut von Kindern als Weihnachtsgeschenk für Großmütter und Tanten zu basteln.

Leiste für Kopf- und Halstücher

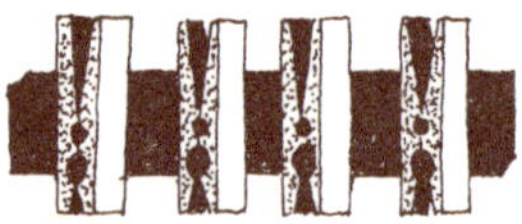

Eine Holzleiste lackieren und bemalen. Auf die Innenseite der Kleiderschranktür leimen, darauf im Abstand von 5 cm hölzerne, buntlackierte Wäscheklammern leimen. An diese Klammern frischgebügelte Tücher klemmen, die auf diese Weise schön faltenlos hängen. Praktisch auch für Gürtel, die dadurch keine Bruchstellen bekommen.

Hauslazarett
Hustensaft

Feuchte Waschlappen zum Erfrischen

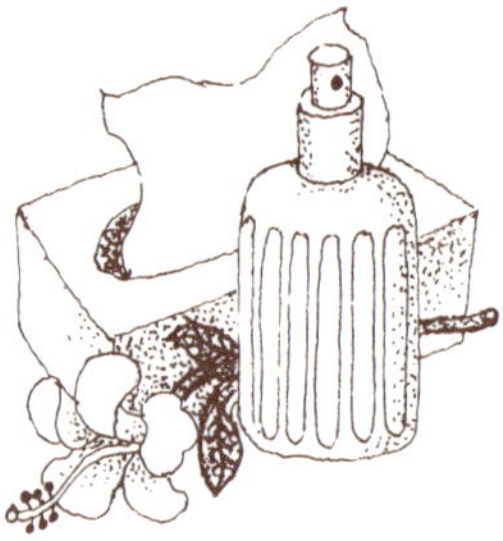

Versorgen Sie den Kranken mit einem feuchten Waschlappen in einem Plastikbeutel, den er in Reichweite aufhebt. Mindestens einmal täglich durch einen frisch gewaschenen ersetzen, da der feuchte Waschlappen eine ideale Brutstätte für Bakterien ist. Kranke empfinden es aber als angenehm, wenn sie zwischendurch klebrige oder verschwitzte Hände abwischen können, ohne die Pflegeperson zu belästigen. Ein Fläschchen Kölnisch Wasser und einige Zellstofftüchlein sind als Mitbringsel oft wertvoller als langstielige Blumen, deren Vase zu schnell auf dem Nachttischchen umkippen kann.

Müde Augen werden munter

Ganz einfach, auf jedes Auge einen feuchten Teebeutel legen, zehn Minuten ruhen.

Fremdkörper aus dem Auge entfernen

Das Auge weit offen halten und starr auf irgendeinen Gegenstand blicken. Die sich bildende Tränenflüssigkeit schwemmt meistens den Fremdkörper in den Augenwinkel. Nicht reiben! Eisensplitter können nur vom Arzt mit Hilfe eines Elektromagneten entfernt werden!

Bienenstiche verhindern

Bienen und Wespen stechen in der Regel nur, wenn sie angegriffen werden. Verhalten Sie sich ruhig! Wer umhersummende Bienen oder Wespen durch festes Aufeinanderklatschen beider Hände tötet, läuft nie Gefahr, gestochen zu werden.

Bienen- und Wespenstiche im Mund oder Rachen

Sofort zum Arzt! Feuchten Sie einen Teelöffel Salz mit etwas Wasser an, langsam schlucken, dadurch werden Schmerzen betäubt und Schwellungen gehemmt. Lebensgefahr!

Bienen- und Wespenstiche schwellen weniger

Reiben Sie gleich, nachdem der Stachel entfernt und die Einstichstelle ausgesaugt wurde, die Stelle mit einem Zwiebelstückchen oder einem Gemisch aus Wasser und Salz ein. Auch Betupfen mit Salmiak hilft.

Beulenbildung vermeiden

Haben Sie sich gestoßen? Dann legen Sie so schnell wie möglich ein Plastikbeutelchen mit Eiswürfeln oder einen sehr kalten Gegenstand, zum Beispiel ein breites Messer oder ein Geldstück, auf die Stelle. Dadurch werden die Blutgefäße verengt und weiterer Blutaustritt wird unterbunden.

Blähungen

1 Teelöffel Fenchel- oder Kümmelsamen mit kochendem Wasser übergießen. Den Tee durchsieben und lauwarm ohne Zucker trinken.

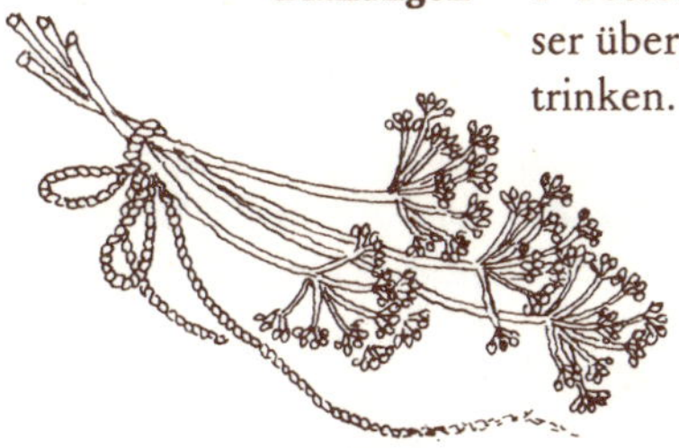

Niedriger Blutdruck erzeugt Müdigkeit

Nicht durch Tabletten den Kreislauf aktivieren. Besser helfen zehn Kniebeugen, ein kurzer Dauerlauf um den Häuserblock, ein rasches Treppensteigen oder ein zweiminütiges sehr kaltes Armbad. Die Arme nicht abtrocknen, sondern an der Luft trocknen lassen.

Brandwunden

Bitte verzichten Sie auf Mehl, Spinnweben oder Öl! Das beste Mittel bei kleinen Brandwunden ist kaltes Wasser, besser noch Eiswasser. Die verbrannte Stelle etwa zehn Minuten kühlen! Bei größeren Brandwunden unbedingt den Notarzt aufsuchen!
Auch rohe Kartoffelscheiben kühlen und verhindern Blasenbildung.
Honig heilt Brandwunden.

Ein garantiert wirkendes Brechmittel

Lauwarmes Wasser, in dem etwas Streichfett geschmolzen ist, trinken. Anschließend den Mund geschlossen halten. Bei offenem Mund kann niemand erbrechen, weil immer zunächst eine Schluckbewegung erfolgen muß.
Nach dem Erbrechen bewirken ein Glas kaltes Colagetränk und einige Salzletten Wunder. Sie werden sich schnell wieder besser fühlen!

Ein gutes Desinfektionsmittel

Wenn Sie nichts anderes zur Hand haben, gießen Sie etwas Spiritus in das Waschwasser.

Mittel gegen Durchfall

– Wer auf Reisen in asiatische oder südamerikanische Länder vor den Mahlzeiten regelmäßig unverdünnten Zitronensaft trinkt, bekommt nicht so bald Durchfall.
– Bei Durchfällen zunächst alle Krankheitserreger durch konsequentes Entleeren des Darmes ausscheiden. Bohnenkaffee fördert den Stuhlgang. Erst dann stopfen. Schwarzer Tee, getrocknete Heidelbeeren, roh geriebene Äpfel sind bewährte Hausmittel. Zucker unbedingt vermeiden.
– Im übrigen hilft Fasten am besten: Tee ohne Zucker und etwas Knäckebrot. Eine willkommene Chance, abzunehmen.
– Babys bekommen bei Durchfällen ungezuckerten Fencheltee, da bei ihnen der Wasserverlust gefährlich sein kann.

Einschlafkummer?

– Langsam jeweils zehn Sekunden lang einatmen, die Luft anhalten, wieder ausatmen. Mehrmals wiederholen.
– Ein zehnminütiges, recht warmes Fußbad nehmen.
– Oder einen kleinen Sack mit heißen Kirschkernen ins Bett legen.
– Einige Tropfen Baldrian auf einem Zuckerwürfel nehmen.
– Kräutertee mit viel Zucker oder Honig trinken.
– Die Bibel unter das Kopfkissen legen!

Verschluckte Fremdkörper

Verschluckte Fremdkörper niemals durch Einnehmen von Abführmitteln beseitigen. Richtig ist der wiederholte Konsum von Kartoffelpüree, der den Gegenstand einhüllt und gleitfähig macht. Auch Sauerkraut hilft.

Gerstenkornbildung stoppen

– Eine halbe Tasse Rosenwasser (aus der Drogerie) mit einer Messerspitze Borax vorsichtig erwärmen. Die beginnende Entzündung verschwindet wieder, wenn das Augenlid regelmäßig mit dieser Flüssigkeit betupft wird. Den Wattebausch unbedingt immer wieder auswechseln.
– Oder mit einem goldenen Ehering bestreichen.

Verschluckte Gräten beseitigen

Ganz sicheres Mittel: Eine Zitrone schälen und das Fruchtfleisch in Würfel geschnitten essen oder einen Eßlöffel Essig hinunterschlucken. Durch die Säure weicht die Gräte so weit auf, daß sie später beim Essen eines mit viel Margarine oder Butter bestrichenen Stückchens Weißbrot weiterrutscht.

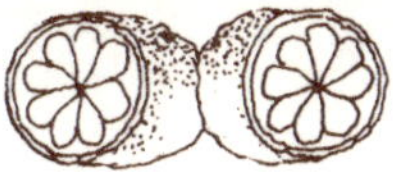

Grippeansteckung vermeiden

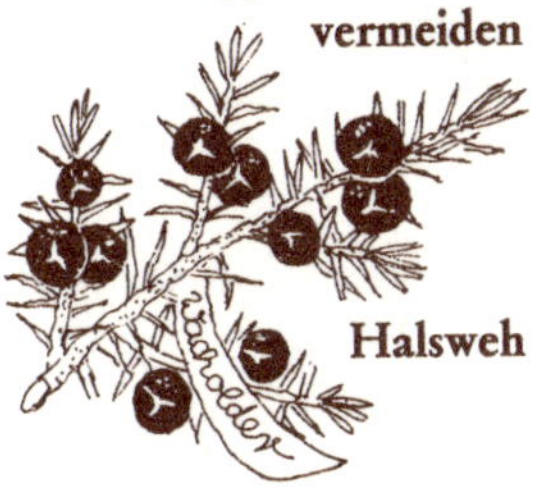

– Kauen Sie eine Wacholderbeere, wenn Sie ans Krankenbett treten. Hilft auch bei anderen infektiösen Krankheiten.
– Oder eine Messerspitze Chinin in Wasser aufgelöst trinken.
– Oder Tee aus roten Cayenneschoten bereiten und trinken.
– Oder kandierten Ingwer mit Zitronensaft essen.

Halsweh

– Halsweh wird durch heißen Zitronensaft und Honig gemildert.
– Zwiebeln in Alufolie wickeln und in der Asche vom Grillfeuer rösten, dieses Mittel hilft bei Kindern besonders gut.

Heiserkeit vertreiben

– Ein Einweiß steif schlagen, den Saft einer Zitrone dazugeben, mit Honig oder Zucker süßen. In kurzen Zwischenräumen teelöffelweise einnehmen, die Heiserkeit verliert sich ganz rasch.
– Bratäpfel essen.
– Heiße Milch mit Honig trinken.

Heuschnupfen

Wasser mit einem Schuß Essig erhitzen, die Nase darüberhalten, ein Frotteetuch über den Kopf decken, die heißen Dämpfe einatmen. Diese Essigdampfbäder beseitigen das Übel zwar nicht ganz, verschaffen aber erhebliche Erleichterung.

Hexenschuß, aber auch Ohrenweh oder Stirnhöhlenkatarrh

Gekochte Kartoffeln so heiß wie möglich in eine Serviette schlagen, etwas flach drücken, auf die erkrankte Stelle legen, warm zudecken. Wunderbare Wärme!

Holzsplitter aus dem Finger entfernen

Füllen Sie eine Flasche mit sehr heißem Wasser und halten Sie die verletzte Stelle so über die Öffnung, daß der heiße Dampf nicht entweichen kann. Der Dampf weicht die Haut so weit auf, daß der Splitter leicht herausgedrückt werden kann.

Koliken

Erstaunlicher Effekt: Ginsengwurzeln kauen!

Magenbeschwerden

Rebelliert der Magen? Zur Beruhigung Kamillentee, aber bitte ohne Zucker, trinken. Oder Kognak. Oder löffelweise Colagetränk.

Unangenehme Medizin schlucken

– Erst ein Pfefferminzbonbon lutschen, die Medizin schlucken, nochmals ein Pfefferminzbonbon lutschen. Das Bonbon betäubt die Zunge.
– Beim Schlucken von *Lebertran* oder *Rizinusöl* die Nase fest zuhalten, dann schmecken Sie nichts. Anschließend ein kleines Glas Orangensaft oder starken Zitronensaft trinken.
– Oder das Öl mit gleicher Menge Eiweiß vermischen, dadurch verschwindet der unangenehme Geschmack völlig.
– Oder auf 4 Eßlöffel kochendes Wasser 16 Saccharintabletten lösen und dazu die gleiche Menge Rizinusöl geben. Kräftig in einer Flasche schütteln.

Migräne beseitigen

Stecken Sie ein Stückchen Kampfer in beide Ohren.

Mückenschutzöle und -cremes:

– Dieses Öl schützt gegen alle möglichen Insekten: 88 g Olivenöl mit 4 g Alkohol, 4 g Eukalyptusöl, 2 g Thymol, 1 g Anisöl und 1 g Nelkenöl gut schütteln. Sie können natürlich auch gleich eine mehrfache Menge zubereiten.
– Oder Hals, Schultern, Arme und Beine ganz dünn mit Lorbeeröl abreiben. (Gibt es in Apotheken und Drogerien.)
– 75 g Vaseline mit 20 g Lebertran und 5 g salzsaurem Chinin verrühren. Das Mittel wirkt garantiert und hat den zusätzlichen Vorteil, auch gegen Sonnenbrand zu schützen.

Schutz gegen Mückenstiche

Einreiben mit Nelken- oder Eukalyptusöl hält Mücken fern. Das Öl ist für die Haut reizlos. Bei Babys das Öl auf eine Untertasse träufeln und ins Zimmer dicht beim Fenster stellen.

Mückenstiche müssen nicht jucken!

Behandeln Sie sie mit:
– Tigerbalsam, den Sie in Apotheken und Fernost-Geschäften bekommen,
– oder Seife
– oder Essig mit Salz gemischt

– oder Hefe mit Wasser verrührt
– oder feuchtem rotem Lehm
– oder Blättern von Spitzwegerich
– oder feuchtem Zucker
– oder Zwiebelsaft
– oder nassem Soda
– oder Salmiakgeist
– oder Jodstift.

Auf keinen Fall kratzen!
Bei Schwellungen Umschläge mit Arnikatinktur oder essigsaurer Tonerde auflegen.
Alle diese Mittel helfen auch bei Bienen- und Wespenstichen!

Mundwasser gegen Mundgeruch oder Infektionen

– 2 g Zitronensäure in ¼ l Wasser auflösen, den Mund nach dem Essen damit gründlich durchspülen.
– Oder eine Chinosoltablette in ¼ l Wasser auflösen. Chinosol, das Sie in der Apotheke bekommen, desinfiziert.
– Oder 5 g Kaliumpermanganat in ¼ l Wasser auflösen. Wenn Sie damit den Mund spülen, verliert sich übler Mundgeruch.
– Den Zahnarzt aufsuchen!

Nasenbluten

– Eine Münze auf die Oberlippe unter die Nase legen, mit der Lippe gegen die Nase pressen, gleichzeitig beide Nasenflügel gegen die mittlere Scheidenwand drücken und eine Schere auf den Nacken legen. Ein schwieriges, aber wirksames Manöver!
– Oder drücken Sie gleichzeitig mit Daumen und Zeigefinger auf beide Nasenflügel und beugen Sie dabei den Kopf so stark nach vorne, daß der Nacken stark schmerzt.
– Wenn das nicht binnen drei Minuten zum Blutungsstillstand führen sollte, einen Eisbeutel auf den Nacken legen.
– Nur in ganz seltenen Fällen wird es nötig sein, die Nase durch einen Arzt tamponieren zu lassen.

Sicheres Mittel gegen Nervosität

Kauen Sie täglich dreimal ein Stückchen Ginsengwurzel aus China. Sie werden ruhiger, schlafen besser und verlängern Ihr Leben.

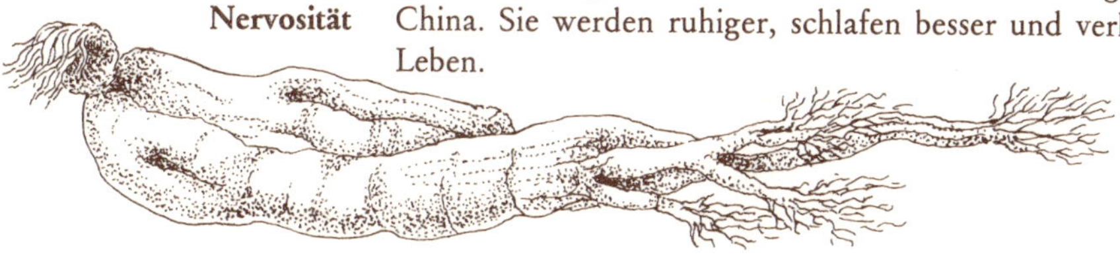

Ohrenschmerzen lindern

Trockene Kamillenblüten auf die Mitte eines Taschentuches geben, dieses zum flachen Paketchen zusammenlegen. Ein heißes Bügeleisen auf das Kamillenkissen stellen, dann auf das Ohr legen, mit Tuch oder Kissen bedecken. Von Zeit zu Zeit den Aufbügelvorgang wiederholen.

Roßkastanien gegen Rheuma

Zwei oder drei Roßkastanien in die Manteltasche stecken: ein sicheres Mittel gegen Rheuma.

Schluckauf stoppen

– Essen Sie einen Teelöffel Erdnußbutter.
– Schlucken Sie einen Teelöffel trockenen weißen Zucker sehr schnell hinunter.
– Halten Sie einige Zeit den Atem an.
– Trinken Sie einen halben Liter oder gar mehr Mineralwasser mit Kohlensäure. Dann stellen Sie sich hin und halten beide Arme soweit, wie es Ihnen möglich ist, über dem Kopf in die Höhe. Dadurch wird das Zwerchfell nach unten gedrückt, der Schluckauf verschwindet.
– Einen Löffel in ein hohes Glas stecken, mit Wasser auffüllen. Dann das Glas leer trinken, dabei stetig den Löffel anschauen.
– Einen Kieselstein auf den Boden legen, intensiv daraufsehen, dabei dreimal schlucken, dann dreimal auf den Stein spucken!

Schnupfen im Anzug?

Trinken Sie, sowie Sie merken, daß Sie Schnupfen bekommen, einige Tropfen Jodtinktur, vermischt mit einem Glas Wasser oder Milch. Der Schnupfen wird sich einen anderen Patienten suchen, denn vor Jod hat er Angst!

Papiertaschentücher bei Schnupfen

Billiger als Papiertaschentücher ist eine an einer Schnur aufgehängte Rolle Küchenkrepp, ein kleines mit einem Plastikbeutel ausgekleidetes Abfalleimerchen gleich in die Nähe stellen. Solche Abfalleimer leisten auch im Bad gute Dienste.

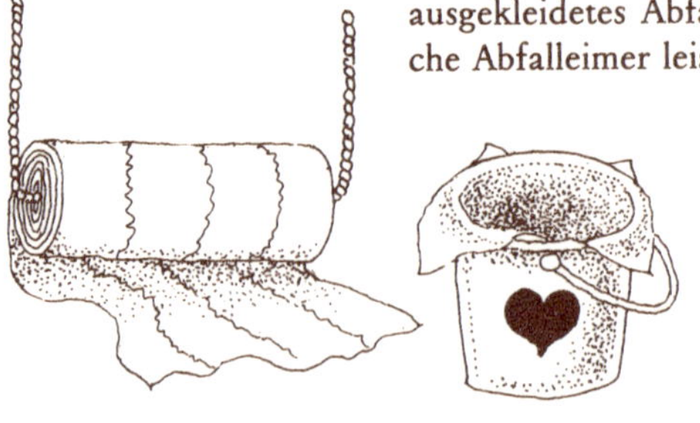

Sonnenbrand vermeiden und kurieren

– Kurios aber wahr: Vor und nach dem Sonnen die Haut im Schatten mit Essig abreiben. Kein Fett auftragen.
– Bei Sonnenbrand essiggetränkte Tücher oder Zellstoff auf die heißen Stellen auflegen. Ein bewährtes Mittel aus den Tropen, und dort sollte man es schließlich wissen.
– Auch Abtupfen mit aufgequollenen Beuteln von schwarzem Tee oder mit in dunklen Rotwein eingetauchten Watteballchen hilft nach dem Sonnenbrand.
– Quark mit Buttermilch, saurer Milch oder notfalls Wasser zum dicken Brei anrühren, diesen auf die verbrannten Stellen streichen. Trocknen lassen. Die Kühlung wird als sehr angenehm empfunden, die Milchsäure im Quark heilt!

Tigerbalsam hilft – beinahe – gegen alles

Der am meisten verkaufte pharmazeutische Artikel der Erde ist der 400 Jahre alte Tigerbalsam aus dem Fernen Osten. Die Salbe enthält u. a. Nelken-, Zimt-, Pfefferminz- und Kajeputöl, Menthol und Kampfer. Hilft gegen Insektenstiche, Prellungen, entzündete Insektenstiche, Muskelkater, Migräne, Husten, Bronchialkatarrh und Bandscheibenschäden. In Apotheken und asiatischen Geschäften zu bekommen.

Mittel gegen Verstopfung

– Frühmorgens auf nüchternen Magen ein Glas möglichst abgestandenes Wasser trinken.
– Einige am Abend zuvor eingeweichte Backpflaumen oder Feigen vor dem Frühstück essen.
– Mehrmals täglich ein Gläschen Apfelwein trinken.
– Viel grobes Vollkorn- oder Grahambrot essen.
– Dreimal täglich vor den Mahlzeiten einen Eßlöffel frische Weizenkleie mit wenig Wasser angerührt schlucken.
– Einen Eßlöffel Milchzucker mit Wasser verrührt regelmäßig einnehmen.
– Weizenkleie mit Leinsamen und Milchzucker verrühren und schlucken.
– Bratäpfel essen.
– Bohnenkaffee trinken.
– Zehnmal täglich Bauchschnellübungen machen.
– Täglich einen Kilometer im Dauerlauftempo laufen.

Weg mit der Warze

Ein Heftpflaster sieben Tage daraufkleben, für zwei Tage beseitigen und abermals die Stelle mit einem Heftpflaster sieben Tage bedecken. Wichtig ist, daß das Heftpflaster während der sieben Tage niemals abgelöst wird. Also bitte nicht neugierig sein. Erprobt!

Mindestens 4 Wochen täglich einreiben mit Kreide oder
– dem Saft von Hauswurz oder
– Zitronensäure oder
– Höllenstein.

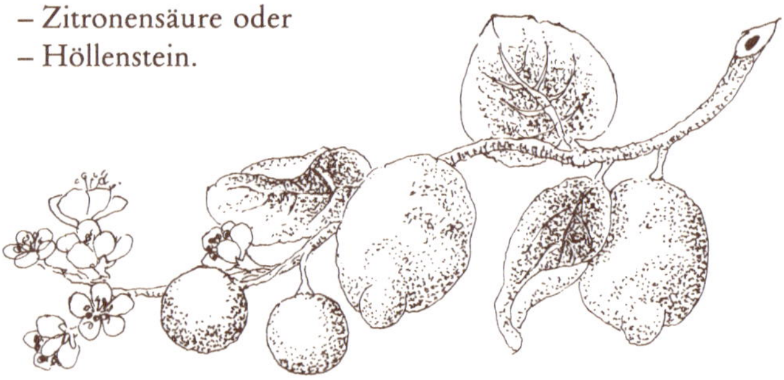

Schnittwunden schnell kuriert

Blutungen hören überraschend schnell auf, wenn sie mit einem mit heißem Wasser benetzten Wattebausch oder einem Stück Küchenkrepp bedeckt werden. Die Hitze des Wassers bringt das Eiweiß im Blut zur Gerinnung.
– Oder Alleskleber oder Sprühverband darauftun.
– Oder mit sauberem Zigarettenpapier abdecken.
– Oder mit Harz verkleben.
– Oder mit Honig oder Traubenzucker, eventuell mit Lanolin oder Glyzerin gemischt betupfen.

Schlecht heilende Wunden heilen

Heilt die Wunde gar nicht? Vorausgesetzt, Sie sind kein Diabetiker, werden Sie mit diesem seltsamen Mittel sicher Erfolg haben: Ein Stückchen Filz mit Brennspiritus anfeuchten, über einer Flamme zu Kohle verbrennen, diese Kohle auf die Wunde streuen. Die Methode wurde bereits im 16. Jahrhundert in einem Arzneibuch beschrieben und von einem Arzt unserer Zeit erfolgreich angewendet.

Würmer bei Kindern

Kinder, die regelmäßig rohe Möhren knabbern oder Rohkost von Möhren, eventuell mit Äpfeln gemischt, essen, bekommen nur ganz selten Würmer.

do-it-yourself
für jedermann
TABAK
do-it-yourself

Verstopfte Abflüsse reinigen

Um Verstopfungen vorzubeugen, sollten Sie ab und zu schwarze Teeblätter in den Ausguß geben. Die Gerbsäure beseitigt den an Fett gebundenen Schmutz.
In kritischen Fällen
– den Syphon aufschrauben und säubern, dann
– käufliches Abflußmittel hineingießen oder
– je eine Tasse Salz und Natron hineinschütten und Wasser daraufgießen, oder
– mit einem Draht durchstechen
– und wenn alles nichts hilft, den Installateur doch anrufen.

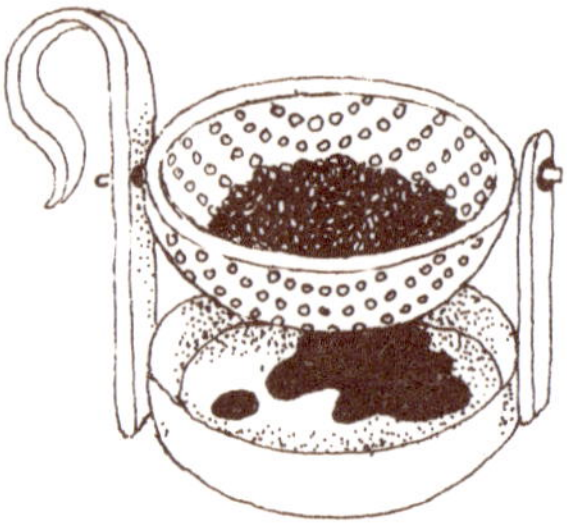

Geruch aus Ausgüssen vertreiben

Unangenehme »Düfte« vermeiden Sie, wenn Sie regelmäßig einen Liter kochendheißes Sodawasser in den Abfluß gießen. Das Soda löst das Fett an den Innenwandungen! Oder einen Eßlöffel Borax in den Abfluß geben, eine Tasse warmes Wasser nachgießen.

Eingefrorene Wasserleitungen

Sie verhindern das Einfrieren von Wasserleitungen, wenn Sie den Wasserhahn ein ganz klein wenig aufdrehen, so daß hin und wieder ein Tropfen Wasser heruntertropft.

Eingefrorene Wasserleitung auftauen

Um das Leitungsrohr eine Schicht ungelöschten Kalk geben, mit alten Lappen festhalten, mit Wasser begießen. Der Kalk erhitzt die Leitung, so daß der Klempner überflüssig wird.

Tropfender Wasserhahn

Befestigen Sie am Wasserhahn einen Wollfaden, dessen zweites Ende bis zum Ausguß reicht. Dann sickern die Wassertropfen langsam am Faden runter, ohne Sie nervös zu machen. – Rufen Sie trotzdem bald einen Installateur.

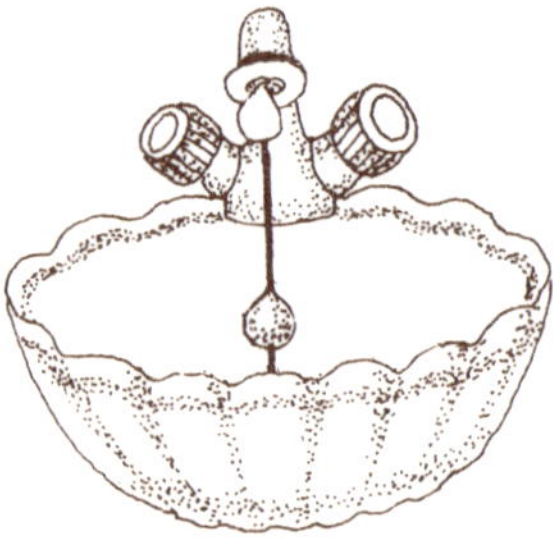

Verstopfte Toiletten reparieren

In zwei Liter kochendem Wasser 500 g Seifenstein auflösen, die Flüssigkeit in die Toilette gießen. Nach zwei Stunden heißes Sodawasser nachgießen. Dann mehrere Male spülen.

Eingedrücktes Rohrgeflecht in Stühlen straffen

Das Rohrgeflecht von der Unterseite mit starker Seifenlösung bepinseln, den Stuhl dann mit der Unterseite nach oben in die Sonne stellen. Der Stuhl sieht wie neu aus, die eingedrückten Stellen verschwinden total.

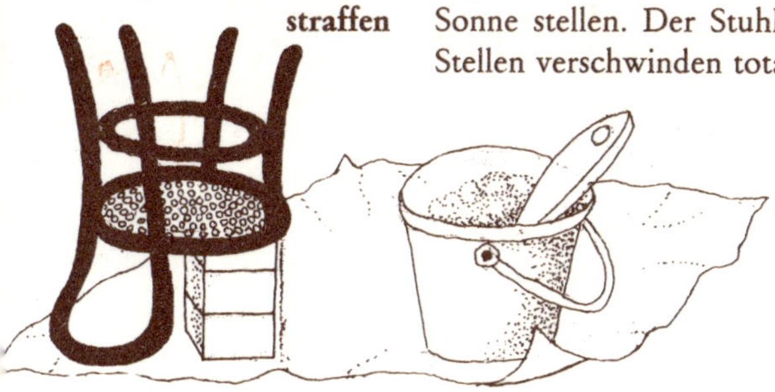

Jalousiengurte haltbar machen

Einmal jährlich die Gurte mit weißen Kerzenresten einreiben, dadurch wird die Oberfläche glatter und widerstandsfähiger.

Teppichfalten glätten

Falten im Teppich können zu gefährlichen Stolperfallen werden. Den Teppich auf der Unterseite ziemlich feucht machen, nach einer Stunde ein Bügeltuch auflegen und bügeln. Wird wieder glatt. Allerdings, gummikaschierte Teppiche dürfen niemals gebügelt werden!

Löcher im Teppichboden

Sind natürlich ärgerlich. Einen Teppichrest darauflegen, beide Stücke mit einem scharfen Universalmesser in gleiche Größe schneiden. Das alte Stück herauslösen, Kleber auf den Boden streichen, das neue Stück in das Loch einsetzen. Beschweren. Am folgenden Tag die Ränder bürsten. Kaum zu sehen!

Quietschende Türangeln

Türen aushängen und die Scharniere entweder mit Kontaktspray ansprühen, Maschinenöl fetten oder mit einem Bleistift einreiben. Die letzte Methode ist besonders dauerhaft. Übrigens lassen sich die Türen wesentlich leichter einhängen, wenn der Stift des unteren Scharniers durch Abschleifen etwas verkürzt wurde.

Magneten an Schranktüren zu laut oder zu fest?

Durch Bekleben mit Klebestreifen oder Leukoplast wird der Magnetismus gedämpft. Die Türen schließen leiser und weniger fest.

von Irmgard Weber

Zu laute Klingelgeräusche dämpfen

Überkleben Sie die Glocke mit selbstklebendem Schaumstoff oder mit Leukoplast. So lassen sich auch Telefongeräusche dämpfen.

Leuchtschrift für Türschilder und Lichtschalter

Leinöl mit der gleichen Menge pulverisiertem phosphorsaurem Kalk vermischen, dann der Sonne aussetzen. Die Schrift leuchtet im Dunkeln.

Wasserschläuche auf Verlängerungsstücke oder Zuleitungen stülpen

Erwärmen Sie das Schlauchende durch Eintauchen in kochendes Wasser oder über einer Kerzen- oder Feuerzeugflamme. Dann rasch von innen anfeuchten und aufstülpen. Aber bitte vergessen Sie nicht, zuvor die Klemme über den Schlauch zu ziehen, sonst war die Mühe umsonst.

Autolack ausbessern

Schmirgeln Sie bitte nicht die empfindliche Oberfläche mit Schmirgelpapier. Viel feiner arbeiten Sie mit einem Glasradierer, den Sie in Geschäften für technischen Zeichenbedarf erhalten. Dann vorsichtig mit einem sehr feinen Pinsel den passenden Lack auftupfen. Bei Roststellen unbedingt zuvor entrosten.

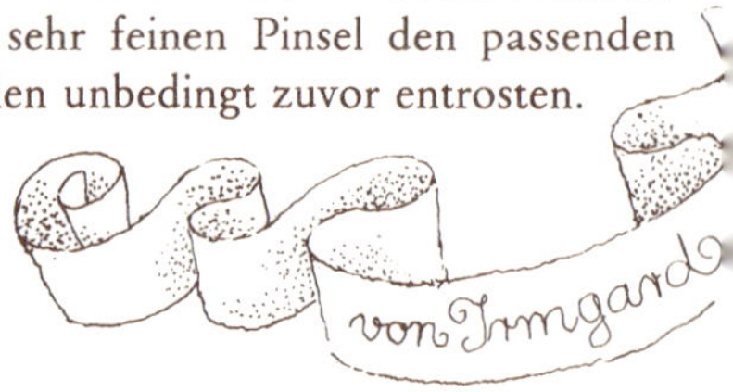

Klemmende Schubladen gängig machen

Schubladen gleiten wieder, wenn sie mit Paraffin (Kerzen), Kernseife oder Bohnerwachs eingerieben werden.

Wackelnde Tische und Schränke ausgleichen

Holzkeile unterschieben oder besser noch dünne Korkscheiben unterlegen. Praktisch ist auch Knetmasse.

Abfallende Klebehaken

Wer hätte nicht auch schon einmal Ärger damit gehabt! Grundsätzlich immer die zu beklebende Stelle vor dem Aufkleben mit Nitroverdünnung reinigen, gut trocknen lassen. Fällt der Haken trotzdem ab, besprühen Sie die Kachel mit Kunstharzlack. Mindestens 24 Stunden trocknen lassen. Dann den Haken mit Kontaktkleber aufkleben. Dabei genügende Antrocknungszeit einkalkulieren und sehr fest andrücken.

Verkratzte Schallplatten heilen

Schrammen sind ärgerlich. Oft hilft das Abreiben mit sehr feinem Maschinenöl und einem faserfreien Tuch. Ausprobieren!

Wackelnder Schubladenknopf

Den Knopf ganz herausziehen, einige zugespitzte Streichhölzer mit Leim befeuchten und ins Loch stecken, dann den Knopf wieder eindrehen. Hält bombenfest.

Wackelnde Messerklingen richten

Ist der Griff genietet, legen Sie ihn auf eine metallene Unterlage und schlagen mit dem Hammer die Niete erneut flach.
Ist der Griff geklebt, mit Epoxidharz-Kleber neu einleimen.

Abgestoßene Trinkgläser reparieren

Abgestoßene Trinkgläser sind sehr häßlich. Versuchen Sie, die schadhafte Stelle geduldig mit sehr feinem Schmirgelpapier beizuschleifen. Man merkt es später kaum.

Knarrende Holztreppen beruhigen

Merken Sie sich genau, welche Stufen knarren. Tragen Sie auf die betreffenden Stufen recht starke Schmierseifenlösung auf. Nach dreimaliger Behandlung ist das Übel beseitigt.

Gasleitungen prüfen

Bepinseln Sie die defekt erscheinende Leitung mit starker Seifenlösung. Dort wo sich Schaum bildet, ist sie undicht! Den Haupthahn schließen, den Installateur benachrichtigen!

Schabracken befestigen

Mit Zweikomponentenkleber einerseits Klettband auf die vordere Kante der Vorhangleiste kleben. Den zweiten Streifen Klettband auf die Unterseite der Schabracke steppen. Klettband bekommen Sie in den Kurzwarenabteilungen von Kaufhäusern.

Abgebrochene Schlüssel aus dem Schlüsselloch entfernen

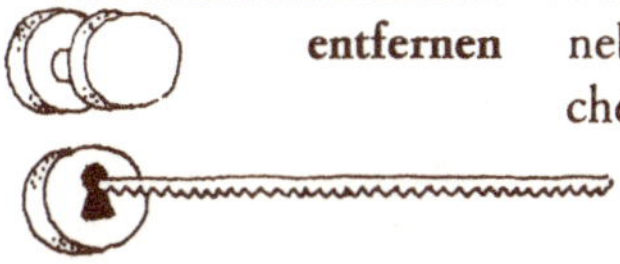

Es gibt eine einzige Methode, die garantiert zum Erfolg führt. Führen Sie ein Laubsägeblatt mit auswärts gerichteten Zacken neben das Ende des abgebrochenen Schlüssels ein. Die Zähnchen wirken als Widerhaken und ziehen den Schlüssel heraus.

Furnierblasen reparieren

Manchmal löst sich das Furnier. Mit der Spitze einer Rasierklinge in Längsrichtung einschneiden. Dann mit einer Einmal-Plastikspritze mit einer feinen Kanüle etwas Leim unter den Schlitz spritzen. Das Furnier fest andrücken, hervorquellende Leimreste entfernen, mit einer Plastikfolie abdecken und einige Bücher zum Beschweren darauflegen. Oder ein Stück Löschpapier auf die schadhafte Stelle legen und vorsichtig, aber mit starkem Druck bügeln. Durch das Bügeln wird der Leim erhitzt und klebt wieder.

Kamine und Öfen neu ausmauern

Guter Rat für Ferienhausbesitzer! Zwar können Sie in Ofensetzereien Spezialmörtel kaufen, aber ihn selbst zu mischen, ist keine Kunst. Nehmen Sie auf 2 kg feingesiebte Koksasche 3 kg Quarzsand und 5 kg fetten blauen Ton, alles mit Wasser zu Mörtel vermengen. Einen absolut feuerfesten, dauerhaften Mörtel gibt es übrigens nicht!

Fenster und Türen abdichten

Zunächst prüfen Sie mit einer brennenden Kerze, wo Ihre Fenster die stärksten Zugstellen aufweisen! Vergessen Sie Schaumgummistreifen, Fugenbänder, altmodische Stoffrollen. Die wirksamste Methode ist zwar nicht ganz billig, dafür aber sehr effektiv. Zunächst den Falz gut reinigen und trocknen lassen. Rechts und links von der Fuge ein elastisches Kreppband aufkleben. Auf den Falz mit Hilfe der Spritzpistole dauerelastisches Material – es kann glasklar, weiß oder braun sein – gleichmäßig auftragen. Die Oberfläche mit einem mit Spülmittellösung benetzten Finger glätten. Dann einen etwa 5 cm breiten Plastikstreifen rundherum auf die Masse kleben. Das Fenster schließen. Frühestens nach 24 Stunden öffnen. Wenn die dauerelastische Masse hart ist, den Plastikstreifen und die Kreppbänder abziehen. Hält jahrelang und beseitigt tatsächlich jeglichen Zug!

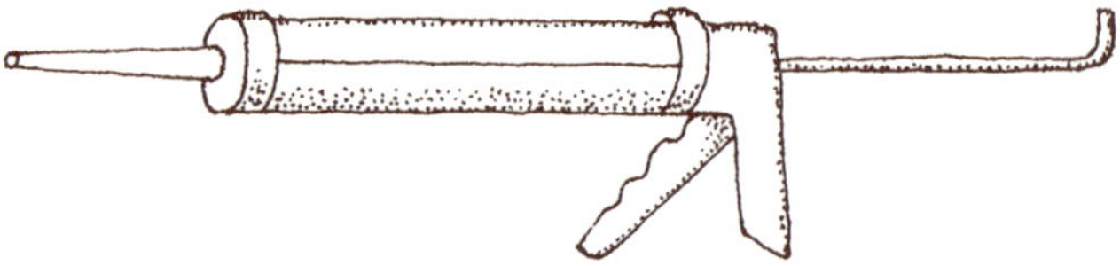

Badewanne und Waschbecken neu verfugen

Wenn Wasser zwischen Fliesen und Wanne in die Wand eindringt, entstehen ernsthafte Feuchtigkeitsschäden. Und keine Hausfrau schätzt es, wenn das Wasser hinter dem Waschbecken die Wand herabläuft. Kratzen Sie zunächst den alten bröckeligen weißen Zement mit einem spitzen Gerät so gut wie möglich heraus. Dann säubern Sie die Kanten mit feuchten Stahlschwämmchen. Gut trocknen lassen. Ober- und unterhalb der Fuge einen selbstklebenden Kreppstreifen fest ankleben. Erst dann mit Hilfe der Spritzpistole dauerelastischen Fugenkitt in passender Farbe aufspritzen. Langsam spritzen. Die Oberfläche mit einem mit Spülmittellösung benetzten Finger glätten. Den Kreppstreifen sofort abziehen. Mindestens 24 Stunden trocknen lassen. Klingt kompliziert? Ist aber kinderleicht!

Neue Fliesen auf alten Arbeitsplatten

Abgenutzte Arbeitsplatten in der Küche durch Bekleben mit Fliesen zu renovieren, ist nicht schwer. Kaufen Sie dafür kleine, dünne Fliesen, die Sie nicht schneiden müssen. Mit Zweikomponenten-Epoxidharz-Kleber aufkleben. Die hintere Dehnungsfuge mit elastischer Fugenmasse dichten. Auch für die Fugen der Fliesen wasserfesten Epoxidharz nehmen, Zement bröckelt nämlich nach kurzer Zeit heraus. An die vordere Kante eine entsprechend breite Hartholzleiste schrauben.

Fliesen mit Elektrosäge zuschneiden

Kaufen Sie ein korundbestücktes Sägeblatt für Ihre Elektrosäge. Lassen Sie während des Sägens von einer zweiten Person das Sägeblatt mit einem feinen Wasserstrahl aus einer ausgedienten Spülmittelflasche kühlen. Das Ergebnis ist fabelhaft, viel feiner und genauer als mit der Fliesenzange oder dem Glasschneider.

Fliesen anbohren

Damit die Fliese nicht springt, zunächst einen Stahlnagel auf die besagte Stelle klopfen. Die Glasur springt dabei ein klein bißchen ab, dadurch findet die Bohrerspitze besser Halt und rutscht nicht seitlich ab.

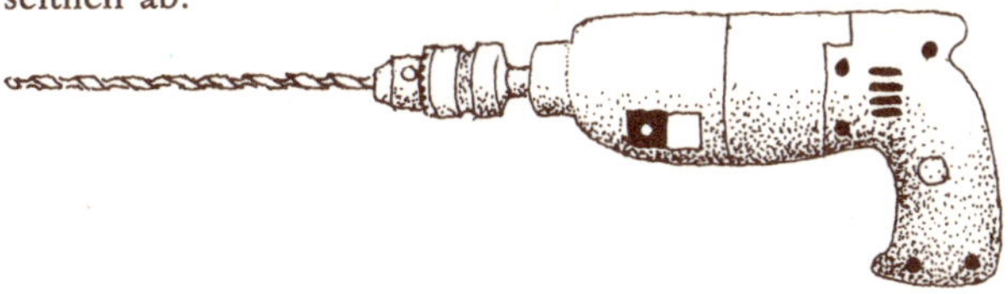

Allerlei Bilderweisheiten

Damit Bilder nicht an der Wand verrutschen, kleben Sie kleine Stückchen selbstklebendes Schaumstoffband oder Korkscheiben auf die Rückseite. – Dieser Trick bewahrt Bilder auch vor dem Feuchtwerden.

Bilder halten an schrägen Wänden, wenn sie oben und unten einen Haken anbringen und zwei Nägel einschlagen.

Für nicht zu schwere Bilder oder Teppiche je zwei Streifen Klettband mit Zweikomponentenkleber oben und unten auf die Schrägwand und das Bild kleben. Die Noppen des Klettbandes verkrallen sich und halten den Gegenstand fest.

Spiegel und Poster an die Wand kleben

Doppelseitiges Teppichklebeband hält Spiegel und Poster garantiert, ohne daß man die Befestigung sehen kann. Zuvor mit der Wasserwaage eine waagrechte Linie markieren! Auf die gleiche Weise können Sie Spiegel an Türen kleben.

Nägel und Schrauben, die nicht so leicht rosten

Nägel und Schrauben immer sortenweise aufheben. Am besten in leere Marmeladengläser geben. Mit Kontaktspray besprühen. So rosten sie weder während der Lagerung noch später beim Gebrauch und lassen sich außerdem leichter einschlagen oder -drehen.

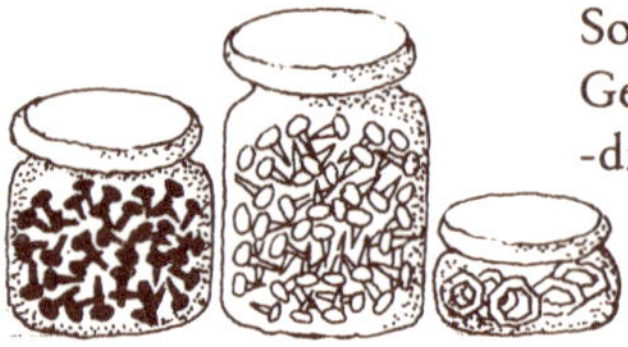

Alte Dübel aus der Wand holen

Ganz einfach: Vorsichtig einen Korkenzieher oder Bohrer etwas hineindrehen, dann herausdrehen. Also nicht mit dem Schraubenzieher herausstechen!

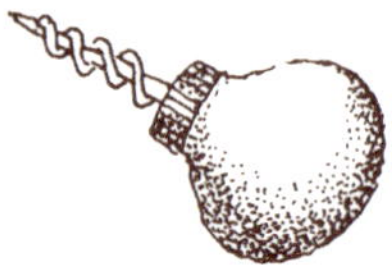

Festsitzende Schrauben entfernen

Manchmal sind Schrauben so hartnäckig, daß man sie selbst bei größter Kraftanstrengung nicht mehr herausbekommt. Einen Tropfen Kontaktspray daraufgeben oder, was noch wirksamer ist, mit einem glühenden Metallgegenstand berühren. Dadurch dehnt sich die Schraube aus. Nach Erkalten kann sie leicht herausgedreht werden.

Löcher im Holz

Rühren Sie aus Sägemehl und Holzleim einen Brei. Die Löcher ausfüllen und mit einem Messer oder Spachtel glätten, nach dem Trocknen feinschleifen.
Außerdem gibt es elastische, gefärbte Holzspachtelmasse in Tuben zu kaufen.
Einzelne Löcher von Holzwürmern können mit dunkelgefärbtem Bienenwachs eingerieben und verschlossen werden.

Löcher in der Wand

Bei kleinen Löchern genügt es oft, wenn Sie einige Male mit einem Stück weißer Kreide über das Loch fahren.

Schraubenlöcher verkleinern

Ist das vorgebohrte Loch zu groß oder ausgeleiert, einfach ein oder mehrere Streichhölzer anspitzen und mit Holzleim bestrichen hineinstecken. Dann hält die Schraube wieder.

Lockere Schrauben

Einige Male mit Nähgarn umwickeln, dann wieder eindrehen. Holzschrauben sitzen besonders fest, wenn Sie sie vor dem Eindrehen in Klebstoff oder Holzleim tauchen.

Wackelnde Nägel wieder befestigen

Stecken Sie ein kleines Stückchen Papiertaschentuch in das Loch. Oder umwickeln Sie die Nagelspitze mit etwas Watte. In Gipsbrei – falls der nicht zur Hand: in Zahnpasta tunken, wieder ins Loch stecken. Hält!

Tapete beim Nageln nicht beschädigen

Erst kreuzweise mit der Rasierklinge einritzen, dann den Nagel einschlagen.

So nageln Sie leichter

Kleine Nägel durch ein Stückchen Papier stecken. Sie lassen sich dann leichter halten, werden nicht so schnell krumm, und Ihr Daumen wird nicht blau. Beim Nageln in Hartholz den Nagel zuvor mit etwas Wachs einfetten, so daß er leichter gleitet. Öl verursacht Flecken.

Staub beim Bohren auffangen

Beim Bohren an der Decke können Sie eine halbe leere Orangen- oder Grapefruitschale oder einen halbierten Gummiball über den Hals der Bohrmaschine stülpen. Aber bitte tief genug. Wird an der Wand gebohrt, hält eine zweite Person ein leicht angefeuchtetes Schwammtuch oder einen umgedrehten Staubsauger unterhalb der Bohrstelle dicht an die Wand. Sind Sie alleine? Mit Klebestreifen einen leicht geöffneten Briefumschlag unterhalb der Bohrstelle an die Wand kleben, so daß der Staub hineinfällt.

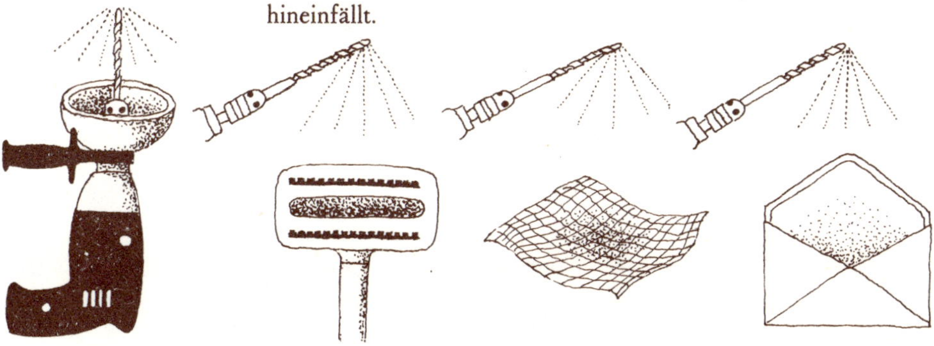

Schimmel aus dem Keller entfernen

Um Schimmel von Kellerwänden zu beseitigen, einen Steinguttopf halb mit Salz füllen und schnell mit Schwefelsäure übergießen, in den Raum stellen. Fenster und Türen schließen, schnell hinausgehen. Es entwickeln sich Dämpfe, die den Schimmel angreifen, er läßt sich später leicht abfegen. Anschließend für gute Belüftung des Raumes sorgen.

Feuchtigkeit aus Räumen und Schränken entfernen

Schranktüren bei längerer Abwesenheit immer etwas offenstehen lassen. Eine schwache Glühbirne einschalten und unten in den Schrank legen. Sie verbraucht zwar etwas Strom, erwärmt aber den Schrank und Raum genügend, um eine geringe Luftzirkulation entstehen zu lassen. Gut im Seeklima. Außerdem Schälchen mit Kampfer aufstellen. Gelegentlich erneuern.
Oder stellen Sie eine flache Schale mit etwa 1 kg ungelöschtem Kalk auf. Das bewährt sich besonders bei Ferienwohnungen, die im Winter nicht bewohnt und gelüftet werden.

Klebemittel für Glas

Gelatinepulver mit weißem, hellem Essig anrühren, das Glas beiderseitig damit einstreichen, die Scherben fest gegeneinanderdrücken und mindestens bis zum folgenden Tag an warmer Stelle stehenlassen.

Kleisterreste aufheben

Um bei späteren Ausbesserungsarbeiten etwas Kleister zur Hand zu haben, füllen Sie beim Tapezieren eine Portion Kleister in ein Schraubglas mit Kunststoffdeckel ab. Gut zudrehen und mit dem Deckel nach unten aufheben. Auch praktisch zum Aufziehen von Bildern oder Postern auf Hartfaserplatten.

Leimfläschchen immer griffbereit

Füllen Sie in ein gereinigtes leeres Nagellackfläschchen eine kleine Portion Leim. Es ist erstaunlich, wie oft man ihn braucht. Er trocknet im Fläschchen nicht ein und kann mit dem kleinen Pinsel immer sauber aufgetragen werden.

Leimpinsel reinigen

Leimpinsel werden je nach Leimart in reichlich heißem oder kaltem Wasser gründlich ausgewaschen. Harte Pinsel in Essigwasser erweichen.

Leimpinsel aufbewahren

Wer viel bastelt, muß auch oft leimen. In den Deckel des Kaltleimtopfes ein Loch bohren, den Stiel des Leimpinsels durchstekken. Achtung, der Pinsel darf nicht zu tief im Leim stecken und keine rostende Metallummantelung haben.

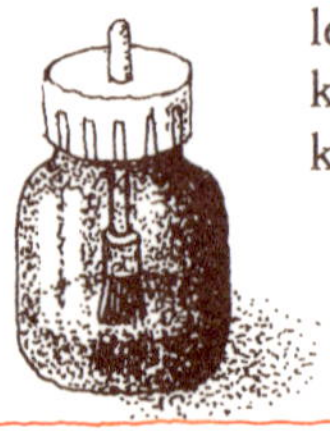

Gipsbrei, der langsam aushärtet

Geben Sie zunächst etwas Weißweinessig oder Essigessenz in das Gipsschüsselchen, danach Wasser und Gips. Der Brei bleibt fast eine Stunde streichfähig.

Gips

Statt Essig können Sie auch Spiritus zufügen, um den Trocknungsprozeß zu verlangsamen.
Soll der Gips besonders *hart* werden, geben Sie etwas Gummilösung ins Wasser.

Gips anrühren

Mit Tapetenkleister angerührter Gips trocknet weniger schnell. Gut, wenn mit Gips modelliert wird.

Festsitzende Glasstöpsel lösen

Geschliffene Glasstöpsel können – beispielsweise auf Parfümfläschchen – manchmal so fest sitzen, daß wir Gefahr laufen, sie beim Öffnen abzubrechen. Einen Tropfen Öl auf die Nahtstelle träufeln, die Flasche an eine warme Stelle geben. Vorsichtig hin- und herdrehen. Oder den Flaschenhals über einer brennenden Kerze erwärmen, dabei stetig drehen.

Verschlüsse von Klebstoff-Flaschen kleben nicht fest

Geben Sie in Schraubverschlüsse von Klebstofftuben oder auf Stöpsel von Klebstoffflaschen einen Tropfen Öl. Tube oder Flaschen lassen sich immer leicht öffnen.

Möbel verrücken

Auch schwere Möbel lassen sich verrücken, wenn unter die vier Füße alte Wollappen gelegt werden.
Oder vier Scheiben roher Kartoffeln darunterschieben; funktioniert allerdings nur auf glatten Böden!

Schulbücher aufmöbeln

Fliegende Blätter nicht mit durchsichtigem Klebestreifen einkleben, sie lösen sich bald wieder. Besser ist ein zwei Finger breiter Streifen dünnes weißes Papier, der mit weißem Holzleim einseitig bestrichen und zur einen Hälfte auf die bestehende linke, zur anderen Hälfte auf das fliegende Blatt in den Mittelfalz geklebt wird.
Zerknitterte Blätter werden durch Bügeln wieder glatt.
Fettflecke mit Kreide oder Kartoffelmehl bestreuen, beschweren und die Bücher am folgenden Tag zwischen Löschpapier bügeln. Dann ausklopfen. Schimmel- und Stockflecken verschwinden mit Schwefelammonium, das Sie in gutsortierten Drogerien bekommen.

Sägen präparieren, Leitungen einziehen

Sägen arbeiten leichter und Leitungsdrähte lassen sich müheloser durch die Leerrohre ziehen, wenn sie zunächst durch Kernseife gezogen werden, denn die Seife macht das Sägeblatt oder den Draht gleitfähiger.

Wasserflecke an der Decke

Vor dem Streichen zunächst die Decke abkratzen und mit Gipswasser bepinseln. Pro Liter Wasser 1 Eßlöffel Gips oder Kreide. Erst nach dem Trocknen streichen.

Decke streichen

Schützen Sie Ihre Haare vor herabtropfender Farbe durch eine locker über den Kopf gestülpte Duschhaube.

Feuchte Wände

Für Durchzug sorgen. Nach dem Trocknen erst mit einer Mischung aus 100 g Kernseife und 10 l Wasser, anschließend mit Alaunlösung bepinseln. Dann streichen oder tapezieren. Nach jedem Arbeitsgang drei Tage trocknen lassen.

Alte, harte Binderfarbe abwaschen

Eine lästige, ermüdende Arbeit. Sie wird leichter, wenn Sie dem Wasser, mit dem Sie die alte Farbe abwaschen, eine gute Portion Schmierseife zufügen. In ganz hartnäckigen Fällen zusätzlich etwas Trichloräthylen hineingießen.

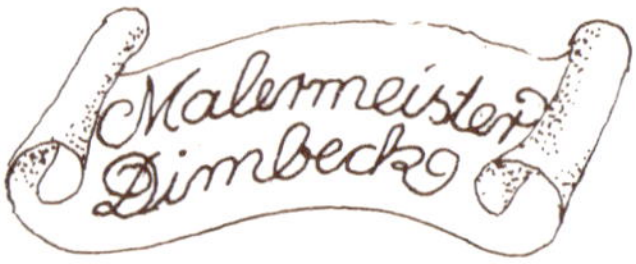

Wasserfeste Tapete entfernen

Damit der flüssige Tapetenentferner eindringen kann, die Oberfläche der Tapete erst mit einer Perforatorwalze zerkratzen.
Vor dem ersten Aufkleben von Tapeten die Wände mit sogenanntem *Wechselgrund* bepinseln. Tapeten haften zwar, lassen sich später trotzdem mühelos abziehen.

Haltbarer Anstrich auf Eisen

Ehe Sie Eisengitter, -türen, -zäune oder -träger schwarz oder grün lackieren, müssen Sie die Teile sorgfältig entrosten und mit Mennige streichen. Wenn Sie sich dann die Mühe machen, heißes Leinöl aufzutragen, wird der Farbanstrich später wesentlich länger als bei ungeölten Flächen halten. Das Öl kann auch mit der Plastik-Blumenspritze auf Türen und Gitter gespritzt werden. Kleine Gegenstände einfach eintauchen.

Treppen streichen

Streichen Sie zunächst nur jede zweite Stufe. So bleibt sie, wenn auch mit großen Schritten, begehbar.

Heizkörper neu streichen

Vorsicht, nicht zu oft streichen; denn dicke Lackschichten isolieren. Bei mehreren Farbschichten unbedingt abbeizen. Nach Möglichkeit nicht streichen, sondern sprühen!

Türen streichen

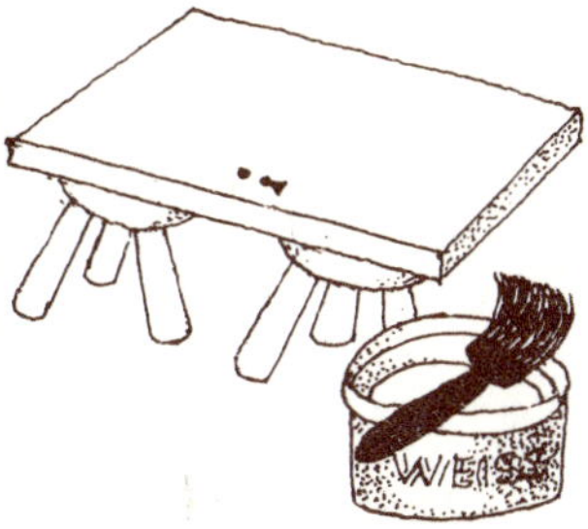

Türen zu streichen ist gar nicht so schwer. Zunächst die Beschläge abschrauben, die Tür aushängen, auf zwei Böcke oder Schemel legen, nach Möglichkeit schleifen und spachteln. Mit einem breiten, feinen Haarpinsel oder einem Schaumstoffpinsel in horizontaler Lage zuerst quer, dann in Längsrichtung dünn streichen. Erst am folgenden Tag, wenn die Tür auf der einen Seite ganz trocken ist, die zweite Seite streichen. Das Verfahren ein zweites Mal wiederholen. Sie werden erfreut sein, wie gleichmäßig der Farbauftrag wird. Die Tür wird bestimmt nicht »weinen«.

Fenster beim Streichen vor Lackspritzern schützen

Kleben Sie auf den Rand vom Glas Klebestreifen aus Krepppapier. Zusätzlich können Sie das Mittelfeld durch Zeitungen schützen. Griffe zuvor abschrauben, oder ebenfalls durch Umkleben mit Krepp schützen.

Um Sockel und Fensterbänke vor Farbspritzern zu schützen, Zeitungen in Wasser tauchen und naß auflegen. Die Abdeckung verrutscht nicht und läßt sich außerdem der jeweiligen Form gut anpassen.

Tisch und Stühle streichen

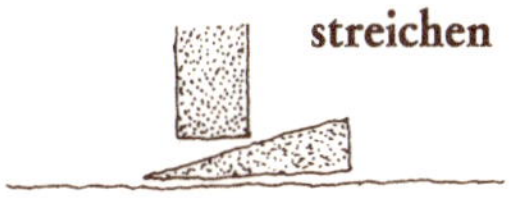

Erst eine Zeitung auf den Boden legen, dann vier Hölzchen daraufsetzen. Darauf den zu pinselnden Tisch oder Stuhl stellen. Die Beine können bis zum untersten Rand gestrichen werden und kleben doch nicht auf dem Papier fest.

Nahtstellen vor dem Tapezieren streichen

Ein Trick bei Stoßtapeten mit dunklem Fond: Unter den Nahtstellen den Untergrund in etwa 10 cm breiten Streifen mit passender Dispersionsfarbe vorstreichen, dann tapezieren. Damit ist ein »Blitzen« der Nähte ausgeschlossen.

Ölfarbanstriche abbeizen

Unbedingt Gummihandschuhe tragen! Versuchen Sie es mit Schmierseife, starker Natron- und Kalilauge, das ist am billigsten. Oder mit Abbeizern auf Lösungsmittelbasis. Für sehr dicke Ölfarbschichten einen Farb-Abbrenner und Spachtel verwenden. Nach Möglichkeit im Freien oder bei geöffneten Fenstern arbeiten!

Fingerschutz beim Streichen

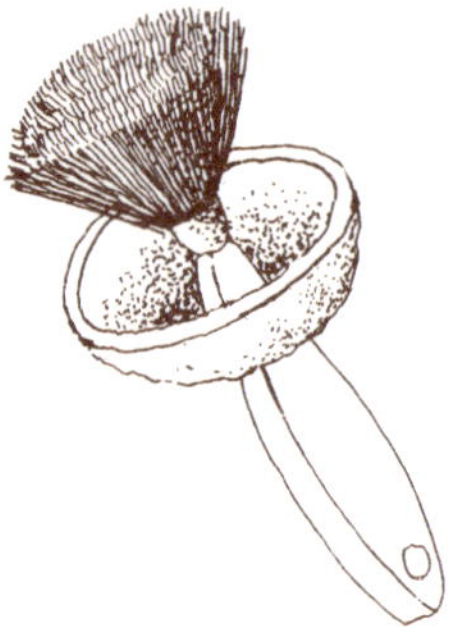

Je nach Größe des Pinsels und nach Art der Farbe ein dünnes Schaumstoffquadrat, eine halbe Orangen- oder Grapefruitschale oder einen in der Mitte gelochten halbierten Gummiball, Bierdeckel oder eine Pappscheibe über den Pinselstiel ziehen. Dann kann die Farbe auch beim Streichen hochgelegener Gegenstände oder von Decken nicht den Pinselstiel herunterlaufen oder tropfen.

Pinsel bleiben wesentlich elastischer und kleckern nicht, wenn Sie nur das vorderste Drittel in Farbe tauchen. Kleine Pinsel rutschen nicht in den Farbtopf, wenn Sie einen dünnen Nagel in den Pinselstiel schlagen und diesen dann auf den Rand der Farbdose klemmen.

Pinsel reinigen und aufbewahren

Nach dem Arbeiten mit wasserlöslichen Farben die Pinsel unter fließendem Wasser kräftig durchspülen. Lack- und Ölfarbenpinsel zunächst auf Zeitungspapier ausstreichen, dann in Terpentinersatz oder Nitroverdünnung auswaschen und in Seifenwasser nachwaschen. Zum kurzfristigen Aufheben fest in Alufolie wikkeln. Für längeres Aufheben in ein leeres Marmeladenglas mit Wasser stecken.

Oder gut mit Pinselreiniger säubern, dann auswaschen und trocknen.

Hartgewordene Pinsel wieder weich machen

Die Borsten mit dem Hammer etwas beklopfen, dann in ein altes Marmeladenglas mit Schmierseife stecken. Am folgenden Tag mit Sodawasser auswaschen.
- Oder in Nitroverdünnung stehenlassen oder
- in Abbeizpaste stecken.
- Auch Aceton wirkt Wunder.

Krumme Pinselborsten glatt machen

Halten Sie den Pinsel einige Minuten unter sehr heißes, fließendes Wasser.

Ölfarbe aufheben

Farbdosen fest verschließen und grundsätzlich umgekehrt aufheben, so bleibt die Oberfläche immer streichfähig.

Malergeruch entfernen

Große flache Teller mit Salz helfen gegen *Ölfarbengeruch*, solche mit Essig gegen *Wandfarbengeruch.*

Ölfarbengeruch verschwindet aber auch, wenn Sie einige halbierte Zwiebeln in den Raum legen.

Herr
Frau
Sauberm
Saubermann

Zwei Putzgarnituren im Zweifamilienhaus

Schaffen Sie sich eine zweite Putzgarnitur für das obere Stockwerk an, damit Sie die Arbeitsgeräte nicht immer die Treppe hinauf- und heruntertragen müssen. Durch schnell erreichbare Putzgeräte werden auch Ihre Familienangehörigen eher bereit sein, kleine Malheurs zu beseitigen. Zum Aufhängen von Schrubbern und Besen gibt es in Haushaltsgeschäften praktische Klemmvorrichtungen, die Schlaufen überflüssig machen. Mit zwei Schrauben und Dübeln in der Schrankwand befestigen.

Immer ein weiches Fensterleder

Selbst ein hartgewordenes Fensterleder wird wieder weich, wenn es in Kernseifenlösung gründlich gewaschen und anschließend in starker Salzlösung gespült wird.

Staubsaugerbeutel schonen

Den Staubsaugerbeutel gelegentlich ausklopfen, niemals waschen, weil er dadurch verfilzen würde. Die Papierfilter regelmäßig erneuern, damit das Reinigungsergebnis optimal ist.

Aufbewahrung von Rasierklingen zum Reinigen oder Trennen

In einen Korken stecken. Oder ein Rechteck aus fester Pappe (ca. doppelt so groß wie die Klinge) herumlegen und mit einem großen Druckknopf in der Mitte festhalten.

Teeblätter nicht fortwerfen

Sammeln Sie Teeblätter. Durch ihren Gerbsäuregehalt sind sie zum Auffrischen von Perserteppichen oder dunklen Wollsachen sehr nützlich. Aufstreuen, mit der Bürste einreiben, absaugen oder ausschütteln.

Hartnäckige Preisschilder

Darüber ärgere ich mich oft, und sie sind wirklich lästig, diese Preisschilder, die sich nicht entfernen lassen. Die Klebschicht löst sich am leichtesten durch Betupfen mit Spiritus. Falls der Klebstoff resistent gegen Spiritus ist, Nitroverdünnung, Aceton oder Öl versuchen.

Papiertiger davonjagen

Reste von Druckerschwärze, die durch festgeklebte frische Zeitungen hervorgerufen werden, heißen »Papiertiger«. Sie verjagen sie, indem Sie den Gegenstand mit Öl abreiben!

Spielkarten und Fotos auffrischen

Mit einem in Spiritus getränkten Wattebausch eingeriebene alte Fotos, aber auch Spielkarten, erhalten ein frisches Aussehen.

Sonnenschirm säubern

Ganz einfach, stellen Sie den geöffneten Schirm in den Regen, streuen Sie einige Eßlöffel Feinwaschmittel darüber und lassen Sie es regnen, regnen. Endlich macht der Regen auch einmal Freude. Aber bitte den Schirm erst zuklappen, wenn er durch und durch trocken ist!

Harte Schuhcreme weich machen

Die Schuhcreme entweder vorsichtig langsam erwärmen oder aber mit Terpentin beträufeln.

Marmorpflege

Zum Ausrollen von Kuchenteigen ist Marmor, weil immer relativ kühl, ideal. Im übrigen ist Marmor aber recht empfindsam. Vermeiden Sie Hitze, Säure, Schnitte. Die Steine glänzen und rutschen durch Behandlung mit Bohnerwachs. Marmortreppen bitte niemals wachsen!

Gestrichene Türen reinigen

Zahncreme auf ein Stück Küchenkrepp drücken, die Tür damit abreiben. Alle Flecken und Fingerabdrücke verschwinden, ohne daß die Farbe angegriffen und stumpf wird.

Holzbrettchen in der Küche

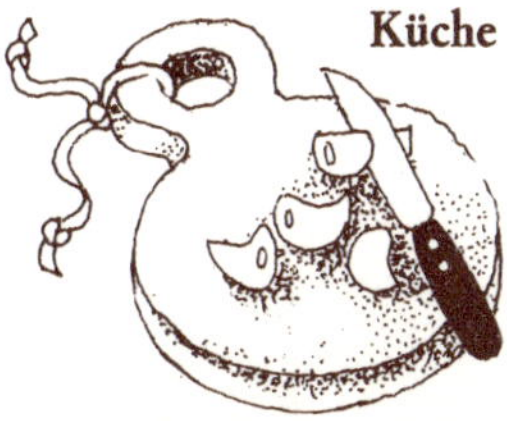

Feuchten Sie die Holzbrettchen an, ehe Sie Zwiebeln, Kräuter, Knoblauch oder Fleisch darauf schneiden. Gelegentlich mit Scheuersand gründlich reinigen. Sind sie sehr fleckig, ist es ratsamer, neue zu kaufen, als viel Geld für Putzmittel auszugeben und stundenlang damit die Zeit zu vertrödeln. Es lohnt sich allerdings wohl, dicke Holzbretter beim Schreiner durch die Hobelmaschine laufen zu lassen, sie sind dann wieder wie neu!

Heizkörper reinigen

Haben Sie kein Spezial-Reinigungsgerät aus einem Kunststoffschwamm mit Stiel im Haus, dann wickeln Sie einen Putzlappen um einen Kleiderbügel und fahren damit zwischen die Rippen. Leider wird der Staub meistens zu selten entfernt!

Glassplitter aufheben

Von glatten Flächen nehmen Sie feine Glassplitter am besten mit einem feuchten Wattebausch, von rauhen Flächen, beispielsweise Teppichböden, mit Klebeband, Leukoplast oder Knetgummiresten auf.

Blitzblanke Badewanne

Wenn Sie in ein Haus oder eine Wohnung mit einer neuen Badewanne ziehen, machen Sie bitte nicht den Fehler, die Wanne mit Scheuermitteln zu reinigen. Emaille, also die weißgefärbte Glas-Oberschicht, wird nämlich dadurch aufgerauht, Sie merken das am stumpfen Aussehen und der rauhen Oberfläche. Wenn Sie konsequent die Wanne nur mit flüssigen Reinigungsmitteln, Haarshampoon, Buttermilch, Essig und Salz reinigen (letztere Mittel, um Kalk zu entfernen), wird die Wanne viele Jahre glänzen!

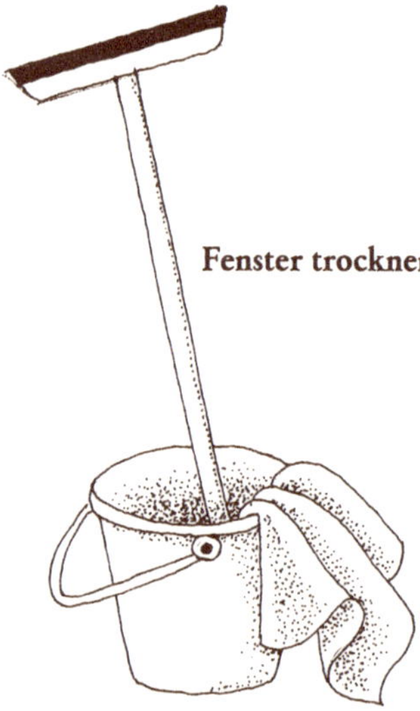

Fenster trocknen

Um Fensterscheiben nach dem Reinigen zu trocknen, nehmen Sie einen möglichst breiten Gummischaber, wie er auch für Autoscheiben gebraucht wird. Von der einen Seite horizontale Bewegungen, von der anderen Seite vertikale Bewegungen ausführen. Dann können Sie zum Schluß rasch erkennen, von welcher Seite noch Schlieren entfernt werden müssen. Abschließend mit zerdrücktem Zeitungspapier oder einem gut ausgedrückten Fensterleder nachpolieren.

Fenster reinigen

– Niemals bei Sonnenbestrahlung putzen.
– Zum raschen Reinigen mit frischem Zeitungspapier abreiben.
– Oder mit Spiritus besprühen und mit einem Leinenlappen oder sehr gut ausgedrücktem Leder trockenreiben.
– Oder aus Spiritus, einem Schuß Spülmittel und etwas Wasser Fensterspray mixen, mit dem Wäschesprenger oder einer Sprühflasche auf die Scheiben verteilen, erst mit feuchtem Leder, dann mit zerdrückter Zeitung polieren.
– Oder mit Wasser und Spiritus waschen, den Schwamm nicht zu naß machen. Professionelle Fensterputzer putzen riesig große Scheiben mit kleinen 5-Liter-Wassereimerchen.
– Hartnäckige Flecken mit festem Kunststoffschwamm vorbehandeln. Farbspritzer mit Rasierklinge, verseiften Stahlwollschwämmchen oder Kupferpfennigen abreiben.
– Für Milchglasscheiben einen Brei aus Essig und grobem Salz anrühren, später die Scheiben klar nachwaschen. Das Salz kratzt den Schmutz schonend aus den Vertiefungen, der Essig löst Kalkablagerungen.

Riffelglas putzen

Eine lästige Arbeit, weil sich der Schmutz in die Vertiefungen setzt. Mit Spiritus besprühen, dann über eine Kleiderbürste ein Tuch stülpen, damit systematisch nachreiben.

Ölfarbe von Fenstern entfernen

Mit einer Rasierklinge, deren zweite Schneide mit Heftpflaster überklebt wird, oder mit feiner Stahlwolle läßt sich angetrocknete Ölfarbe, mit einem in Terpentin getränkten Lappen läßt sich frische Ölfarbe am besten entfernen.
Scheiben in Neubauten durch Gipsbrei oder Schlämmkreide markieren! Sonst kommt es leicht zu Unfällen.

Fliesen in Küche oder Bad reinigen

Fliesen und schwarze Fugen werden schnell wieder blitzblank durch
- trockenes Abreiben mit feiner Stahlwolle oder
- feuchtes Abreiben mit Spirituslappen (entfernt Fett) oder
- feuchtes Abreiben mit verdünntem Schwimmbadreiniger oder
- feuchtes Abreiben mit verdünnter Chlorbleichlauge oder
- feuchtes Abreiben mit sehr stark verdünnter Salzsäure.

Auch Küchenkrepp und Salmiak wirken Wunder!

Fernseher säubern

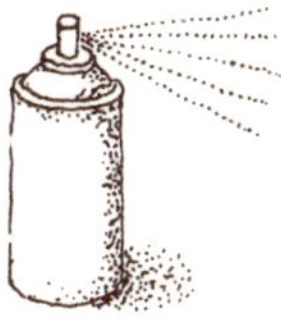

Weiße Fernseher gelegentlich mit Antistatik-Spray besprühen. Die Bildröhre wird durch Abreiben mit Küchenkrepp und Spiritus wieder blank.

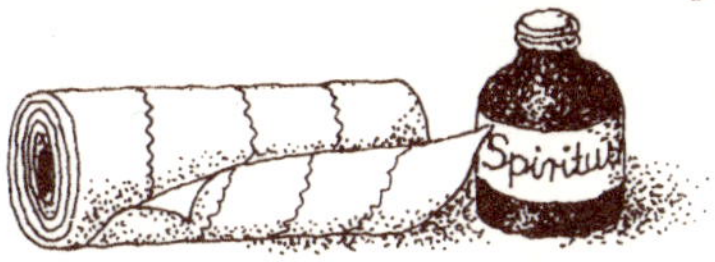

Ölgemälde reinigen

Mit ganz frischem Weißbrot abreiben. Krümel gut entfernen, sie schimmeln sonst!

Teakholzpflege

Durch seine Unempfindlichkeit gegenüber Hitze und Flüssigkeiten ist das tropische Teakholz sehr beliebt. In der Regel genügt Staubputzen und gelegentliches Ölen mit Teaköl. Für die gründliche Reinigung das Holz mit feinem Schleifpapier in Faserrichtung sehr gründlich abschleifen. Mit trockenem Tuch abwischen. Verharzte Teakölschichten werden durch sorgfältiges Abreiben mit Küchenkrepp und Spiritus gelöst. Dann Teaköl gleichmäßig auftragen, nach einer Stunde polieren.

Palisander pflegen

Mit antistatischem Tuch putzen und gelegentlich dünn mit Teaköl einreiben.

Muffige Schränke werden wieder frisch

Waschen Sie die Schränke mit einer Lösung von Wasser und Wasserstoffsuperoxyd oder Essig aus. Lüften!

Parkett spänen oder bohnern

Auf jeden Fall Handschuhe anziehen. Leichter ist es, wenn Sie ein mit festem Schaumstoff gefülltes Kissen unter die Knie legen.

Hunde- und Katzenhaare entfernen

Tierhaare auf Kleidungsstücken und Polstermöbeln lassen sich durch Überstreichen mit feuchten Händen, nassen Schwämmen oder angefeuchteten Nylonbürsten am besten entfernen. Ob Sie Wasser oder Spiritus zum Anfeuchten nehmen, macht relativ wenig Unterschied. Wenn Ihr Staubsauger den Teppichboden nicht gründlich genug absaugt, probieren Sie es mit einem nassen Nylon-Schrubber. Es ist erstaunlich, was an den Nylonborsten hängenbleibt.

Wenn sich die Fusseln weder mit der Spezialfusselbürste noch mit dem feuchten Schwamm oder der feuchten Hand entfernen lassen, wickeln Sie Klebeband so um die Hand, daß die Klebeschicht nach außen zeigt! Hilft garantiert!

Verkalkte Töpfe säubern

Dafür gibt es viele Mittel: Spezialentkalker, die recht teuer sind. WC-Reiniger, Klarspüler von Geschirrspülmaschinen, Essigessenz sind immer zur Hand, Auskochen mit einigen Kartoffelscheiben und -schalen hilft auch und kostet nichts. Niemals mit grobem Scheuersand behandeln, weil dieser die Oberfläche aufrauht.

Um Kalkansätze, die die Hitzezufuhr erheblich drosseln, hinauszuzögern, geben Sie einen Marmorbrocken oder einige Murmeln in den Kessel.

Silber läuft nicht an

Geben Sie ab und zu ein Stückchen Kampfer in den Besteckkasten oder in das Schränkchen, in dem Sie Ihre Silbersachen aufbewahren, das Silber läuft dann nicht an. Oder die Gegenstände in Plastikbeutel stecken, diese fest verschließen.

Silber reinigen

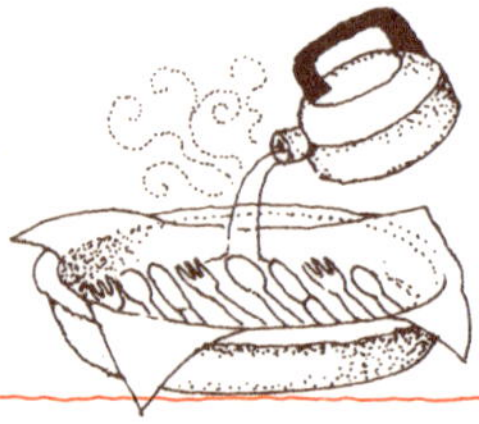

Silbergegenstände, soweit sie keinen Oxydationsschmuck, also dunkle Einlagen haben, in eine große Schüssel, die mit Alufolie ausgekleidet wurde, so legen, daß jedes Teil irgendwo Kontakt zum Aluminium hat. Eine Handvoll Soda dazugeben, kochendes Wasser aufgießen, schon nach wenigen Minuten ist alles blitzblank, ohne zu scheuern.

Zinnpflege

An sich braucht Zinn kaum geputzt zu werden. Durch Abreiben mit Bier wird es wieder blank.
Wenn aber Zinnpest die wertvollen Stücke befällt, müssen Sie die Gegenstände zunächst sorgfältig mit starker Kernseifenlösung bürsten, dann mit 10 %iger Salzsäure benetzen. Nach etwa zehn Stunden aus der Salzsäure nehmen, mit einem feinen Stahlschwamm gut abreiben, dann für eine Stunde unter fließendem Wasser die letzten Säurereste davonschwemmen. Das Zinngeschirr an einem warmen Ort aufheben. Wer nicht aufpaßt, kann sein ganzes Zinn durch die Zinnpest einbüßen.

Messing und Kupfer blitzblank putzen

Käufliche Putzmittel setzen sich oftmals in die Vertiefungen und erfordern zudem Kraft beim Einreiben und Blankputzen. Rühren Sie Salz mit Essig an, verteilen Sie diesen Brei auf die Gegenstände. Nach einigen Minuten abspülen. Das Erfolgserlebnis ist enorm!
Übergießen Sie Kupfer- oder Messinggegenstände nach dem Polieren mit Bier und lassen Sie sie, ohne anzufassen, in der Sonne trocknen. Dann laufen sie nicht so rasch an.
Auch Abreiben mit Sägespänen erhält den Glanz länger.

Blindwerden von Messingschildern und -gefäßen verhindern

Neue industriell gefertigte Gegenstände werden oft schon vom Fabrikanten mit einer Schutzschicht versehen. Ist das nicht der Fall, können Sie Messing- und Kupferschilder oder -geräte leicht selbst behandeln. Die Stücke putzen, mit Benzin abreiben, damit die Oberfläche garantiert fettfrei ist. Mit einem sehr feinen Haarpinsel an staubfreier Stelle dünn mit Zaponlack überziehen. Die einmalige Mühe macht sich bezahlt.

Aluminium putzen

Ohne zu reiben werden Töpfe aus Aluminium blitzblank, wenn Sie Rhabarber oder Rhabarberblätter darin kochen. Auch das Auskochen mit Kartoffelschalen hilft sicher. Sonst verseifte feine Stahlwollschwämmchen nehmen.

Mopeds und Fahrräder putzen

Möglichst nicht zu oft mit Wasser putzen, da das die Rostbereitschaft erhöht. Abreiben mit ölgetränkten Lappen, für schwer zugängliche Stellen Pinsel nehmen.
Ideal zum Putzen ist die Mischung aus Petroleum und Maschinenöl zu gleichen Teilen. Wegwerfhandschuhe anziehen!

Kühlschrank abtauen

Wenn Ihr Kühlschrank nicht automatisch abtaut, vermeiden Sie Überschwemmungen, wenn Sie einige Lagen Zeitungspapier in den Kühlschrank legen. Das überschüssige Wasser wird aufgesaugt.

Kühlschrank und Brotbehälter säubern

Damit Geruch und Schimmelbildung vermieden werden, nach dem Reinigen mit einem in Essigwasser gespülten Tuch auswischen.

Kaffeemühle säubern

Alte Kaffeereste, die bekanntlich infolge des Gehalts an ätherischen Ölen ranzig werden, sollten gelegentlich entfernt werden. Entweder getrocknetes Weißbrot oder Reiskörner mahlen, sie nehmen die Reste mit!

Kaffee- und Teekannen gründlich säubern

Dumm, daß sich in den Tüllen immer Rückstände festsetzen. Geben Sie eine Prothesenreinigungstablette in die Kanne. Mit Wasser auffüllen, stehenlassen.

Dunstabzüge und Ventilatoren reinigen

Wer hätte sich nicht schon über den klebrigen Schmutzfilm geärgert. Entweder mit Küchenkrepp, das in Spiritus getränkt wurde, oder mit einem Lappen, der mit einer Lösung aus Spülmaschinenpulver, Wasser und Glanzspüler getränkt wurde, abreiben. Waschbare Fettfilter in der Spülmaschine mitreinigen.

Backofen bleibt sauber

Ein Stück Alufolie auf den Boden der Backröhre gelegt, spart viel Putzarbeit. Von Zeit zu Zeit herausnehmen und durch neue Folie ersetzen!

Eiweiß-Gefäße und Zitronenpressen abwaschen

Eiweißverschmutzte Gefäße wie Milchbecher, Quarkschüsseln oder Eigelbnäpfchen und Zitronenpressen immer möglichst sogleich, und zwar mit kaltem Wasser, spülen. Mit heißem Wasser würde das Eiweiß gerinnen und sich festsetzen, bei der Zitronenpresse trocknen die Rückstände rasch an der Presse fest.

Keramik-Kochfelder reinigen

Achten Sie darauf, daß zwischen Töpfen und Pfannen und der Kochplatte keine Fremdkörper wie Sandkörner oder Eierschalen Schaden anrichten können. Nach dem Kochen die Platte mit Spülmittel säubern, gelegentlich mit eingeseiftem, sehr feinem Stahlwollschwämmchen Schmutzfilm abscheuern. Keine groben Scheuermittel verwenden!

Feuerfestes Geschirr oder Emaille reinigen

Bitte keine groben Scheuermittel verwenden, weil sie die Oberflächen und Glasuren nur aufrauhen und sich später der Schmutz um so leichter festsetzt. Mit Backofenreiniger einsprühen und stehenlassen oder dick Spülmittel daraufgeben, dann feuchte Stücke Küchenkrepp darauflegen, nach etwa zwei oder drei Stunden mit einem eingeseiften feinen Stahlwollschwämmchen oder festem Nylonschwamm die letzten Reste abreiben! Bei leichten Verschmutzungen genügt es oft, das Gefäß mit starkem Salzwasser, Spülmittel- oder Geschirrspülmittellösung auszukochen.

Angebrannte Kochtöpfe reinigen

Bitte nicht scheuern! Besser ist es, sie mit Waschpulver zu bestreuen, etwas Wasser daraufzugeben und stehenzulassen. In hartnäckigen Fällen mit Seifenlauge auskochen.

Backformen und -bleche reinigen

Am besten noch warm mit Küchenkrepp und grobem Salz abreiben, ein zurückbleibender dünner Fettfilm schont das Metall und verhindert später das Ankleben.

Bratpfannen schnell säubern

Reiben Sie die Bratpfanne nach Gebrauch mit grobem Salz und Küchenkrepp aus. Die Pfanne wird nie rosten.

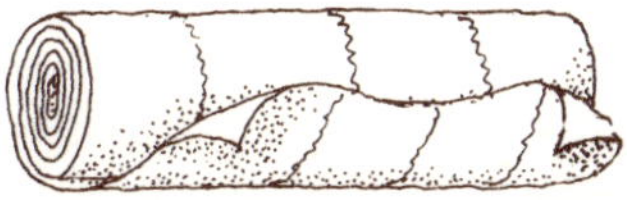

Plastikgefäße, wie Eimer und Schüsseln, säubern

Wannen, Eimer, Siebe, Schüsseln, selbst Kehrbleche reinigen Sie mühelos, wenn Sie die Teile mit Chlorbleichlauge benetzen, diese einige Minuten einwirken lassen, dann gründlich abspülen und auslüften. Sie werden staunen, wie schnell der alte Mülleimer wieder strahlend sauber wird!

Immer saubere Küchenlappen

Küchenlappen werden en passant in der Geschirrspülmaschine mit gereinigt, ebenso Spülbürsten oder Fettfilter.

Federkissen und -deckbetten auffrischen

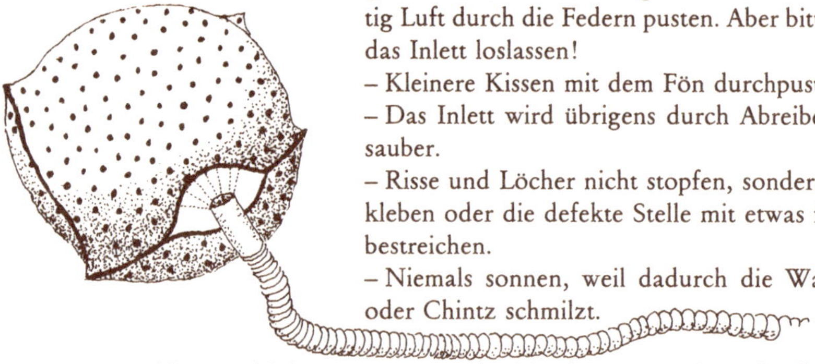

– Den Staubsaugerschlauch am falschen Ende in den Staubsauger stecken, vom Bettzeug die Naht etwas auftrennen und kräftig Luft durch die Federn pusten. Aber bitte nicht zwischendurch das Inlett loslassen!
– Kleinere Kissen mit dem Fön durchpusten.
– Das Inlett wird übrigens durch Abreiben mit Salmiak wieder sauber.
– Risse und Löcher nicht stopfen, sondern mit Heftpflaster verkleben oder die defekte Stelle mit etwas flüssigem Bienenwachs bestreichen.
– Niemals sonnen, weil dadurch die Wachsschicht vom Inlett oder Chintz schmilzt.

Teppichfransen bleiben glatt liegen

Warum jeden Tag kämmen? Einen durchsichtigen Klebestreifen von unten dagegenkleben; das hält monatelang!

Wellt sich der Teppichboden?

Besorgen Sie sich aus der Apotheke eine Einmalspritze aus Plastik und spritzen Sie durch den Teppich kleine Mengen Klebstoff auf den Boden. Dann den Teppich daraufdrücken und beschweren.

Mottenschutz für Teppiche

Planen Sie eine längere Reise? Bürsten Sie zunächst Ihre Perserteppiche mit ziemlich starker Essiglösung und einem Schrubber ab. Das frischt die Farbe auf, reinigt (schauen Sie sich den Schrubber einmal danach an) und vertreibt die Motten. Den Teppich gut trocknen lassen. Dann mit möglichst frischen Zeitungen belegen, denn Motten mögen keine Druckerschwärze. Aufrollen. Nur bei sehr langen Reisen ist es ratsam, zusätzlich Beutel mit Panamaspänen oder Mottenkugeln einzurollen. Siehe auch »Motten«, Seite 35.

Antistatischer Teppichboden

Synthetische Teppichböden laden sich nur auf, wenn die Luft trocken ist. Luftbefeuchter aufstellen oder den Teppich regelmäßig mit der Blumenspritze oder einem Wäschesprenger befeuchten. Hilft außerdem, Erkältungen zu vermeiden, und verhindert das Austrocknen Ihrer Gesichtshaut.

Schilfteppiche leben länger

Der rasche Verschleiß wird durch Austrocknen gefördert. Mindestens einmal monatlich mit dem Wäschesprenger ausgiebig befeuchten.

Teppichböden säubern

Seiden- oder Zeitungspapier in Schnipsel reißen, mit Salmiakwasser befeuchten, den Boden damit großzügig bestreuen. Dann mit Hilfe eines Perlonschrubbers in gleichmäßigen Strichen zusammenkehren. Die Feuchtigkeit und die Perlonborsten binden Schmutz und alle Haare. Eine lustige Reinigungsmethode, unsere Großmütter würden sicherlich die Hände über dem Kopf zusammenschlagen, wenn sie das sähen.
Sägespäne mit Waschbenzin tränken, daraufstreuen, fest einreiben, dann absaugen oder klopfen. Das Verfahren einige Male wiederholen.
Salz sollte generell nicht zur Teppichreinigung verwandt werden, weil die Kristalle das Gewebe beschädigen.

Kokosläufer pflegen

Kokosteppiche werden wieder modern. Sie halten länger, wenn die Naturfasern durch gelegentliches Besprühen mit dem Wäschesprenger angefeuchtet werden. Von Zeit zu Zeit mit Sodawasser und einem Nylonschrubber abbürsten.
Braune Kokosteppiche behalten die Farbe, wenn sie ab und zu mit einer Lösung von übermangansaurem Kali und heißem Wasser gut abgebürstet werden.

Teppiche rutschen nicht mehr

Fußmatten, kleine Teppiche und Bettvorleger rutschen nicht mehr, wenn sie auf eine rutschfeste Unterlage gelegt werden oder wenn unter die vier Ecken rutschfestes Teppichband aus Schaumstoff geklebt wird.
Statt Schaumstoff können Sie auch alte Einmachringe unter den Teppich kleben oder nähen.

Aufgerollte Teppichecken

Bestreichen Sie die Kanten entweder mit heißem Tischlerleim und beschweren Sie den Teppich anschließend mit Büchern, oder kleben Sie den Teppich mit doppeltem Klebeband auf der Unterseite fest.

Gardinenpredigten

– Achten Sie beim Zuschneiden der Gardinen auf den Rapport, also das Muster des Stoffes. Damit die Gardinen alle die gleiche Länge haben, ist es besser, sie mit einem rechten Winkel und Lineal als nach dem Fadenlauf zuzuschneiden.
– Gardinen, die aus mehreren zusammengenähten Bahnen bestehen, haben oft nicht genug Platz in einer normalen Waschmaschine. Sparen Sie sich darum in Zukunft das Zusammennähen der einzelnen Bahnen.
– Zum Umlegen des breiten unteren Saumes eine Pappschablone anfertigen. Zum Beschweren gibt es Bleiband und -taler zu kaufen, die man in den Saum einnäht.
– Sie können sie mit den Kunststoffaufhängern in die Waschmaschine geben, so daß alles gleichzeitig gewaschen wird. Es lohnt sich, einmal aus porösem Stoff einen großen Sack zu nähen, damit die abfallenden Röllchen nicht den Abfluß verstopfen. Oder in einen alten Kopfkissenbezug stecken.

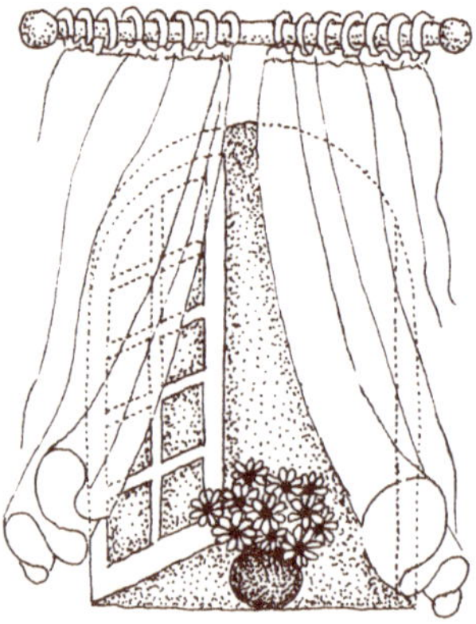

Gardinen waschen

Stecken Sie angegraute, im Urzustand leicht *gelbliche* Vorhänge nach dem Waschen in eine Wanne mit durchgesiebtem Lindenblütentee oder schwarzem Tee. Nach dem Trocknen sehen sie wie neu aus. – Sollen *weiße* Vorhänge wieder schneeweiß werden, nehmen Sie statt Tee Backpulver!

Vorhänge aufhängen

Legen Sie das untere Drittel der Vorhänge beim Aufhängen über Ihre linke Schulter. Dann zieht das Gewicht nicht nach unten, und es ist weit weniger mühsam, die Röllchen in die Schienen zu schieben. Denken Sie daran, daß das Zugband immer an den Außenseiten gezogen werden muß. Nach dem Waschen lange Besenstiele in die offenen Säume schieben, dann hängen sich die Gardinen gleichmäßig aus. Sind sie fast trocken, die Stiele herausnehmen, die Falten bis zum völligen Trocknen mit Wäscheklammern feststecken.
Um beim Trocknen das Tropfwasser aufzufangen, eine Wanne oder einen Eimer unterstellen.
– Kein passender Feststeller zur Hand? Knetgummi in die Löcher stecken.
– Gardinenringe gleiten leichter, wenn sie mit Paraffin bestrichen werden.
– Ein Loch in der feinen Tüllgardine? Einen Flicken passender Größe schneiden, in Stärke stecken, auflegen und festbügeln.

Kleider
& Wäsche

Duftende Wäsche

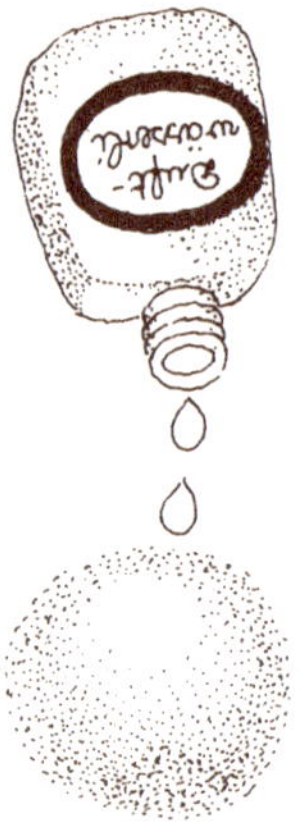

Ihre Wäsche riecht blumig frisch, wenn Sie kleine Stückchen von Löschpapier, Küchenkrepp oder Watteböllchen mit dem Duftwasser oder Toilettenwasser Ihres Lieblingsparfüms einmal monatlich beträufeln und diese dann an bestimmten Stellen im Wäscheschrank verstecken.

Oder mischen Sie ein Potpourri!

– *Altenglisches Potpourri:*
je 150 g Rosen- und Nelkenblätter sowie Lavendelblüten,
je 50 g Thymian- und Orangenblüten,
je 35 g Rosmarin- und Minzblätter,
50 g zerquetschte Gewürznelken,
200 g Salz.

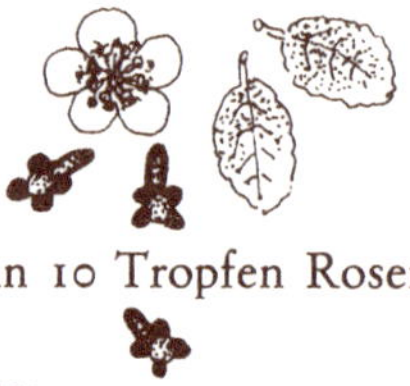

Alle Zutaten mischen und trocknen, dann 10 Tropfen Rosenöl (aus der Drogerie) daraufträufeln.

– *Potpourri für Städter mit herber Duftnote:*
½ Tasse getrocknete Orangenschale
½ Tasse getrocknete Zitronenschale
1 Tasse getrocknete Majoranblätter
1 Tasse getrockneter Rosmarin
½ Tasse getrocknete Salbeiblätter
¼ Tasse getrocknetes Bohnenkraut
1 Tasse grobes Meersalz.

– *Potpourri mit würziger Duftnote:*
4–5 Zimtstangen
3–4 Muskatnüsse
1 Vanilleschote
4 Eßlöffel Gewürznelken
1 Eßlöffel Anis
½ Eßlöffel Piment
½ Eßlöffel getrockneter Ingwer
1 Teelöffel Zimt
1 Tasse grobes Meersalz.

Die ersten sechs Zutaten müssen in einem Beutel mit dem Hammer mehr oder minder grob zerkleinert, der Ingwer muß grob gerieben werden.

Potpourris mischen, zunächst in ein verschließbares Glas geben, nach vier Wochen portionsweise in kleine Gläser oder auf Stoffquadrate, z. B. Taschentücher, verteilen und diese kreuzweise verknoten. Oder Lavendelblüten in der Sonne trocknen, ebenfalls in Taschentücher verknoten.

Duftwasser für die Wäsche

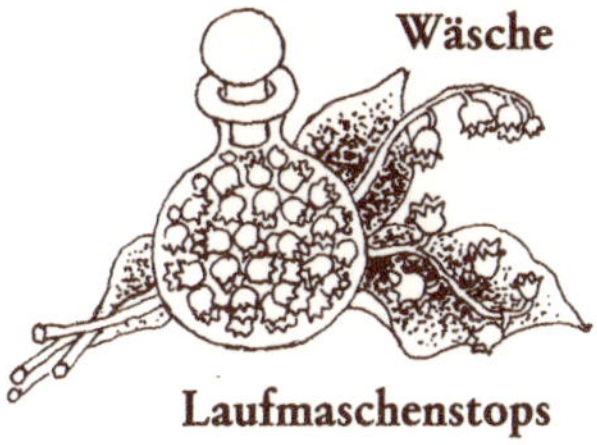

Füllen Sie ein Glasgefäß mit geschliffenem Glasstöpsel zunächst mit wohlriechenden Blütenblättern, beispielsweise von Maiglöckchen, Rosen, Lavendel oder Nelken. Dann gießen Sie ein Drittel Glyzerin und zwei Drittel Spiritus darauf und stellen die gut verschlossene Flasche auf eine sonnige Fensterbank. Nach etwa drei Wochen durchsieben.

Laufmaschenstops

Ärgerlich, diese Laufmaschen. Klarer Nagellack oder Haarspray gebietet ihnen Einhalt.

Kniffe für fleißige Strickerinnen

– Das Wollknäuel rollt nicht davon, wenn Sie es in einem Netz oder Beutel mit Hilfe einer Tischklammer am Tisch befestigen.
– Hals- und Ärmelbündchen leiern nicht so schnell aus, wenn sie mit dünneren Nadeln gestrickt werden. Oder stricken Sie einen feinen Gummifaden passender Farbe mit.
– Kinderpullover, die vorne und hinten gleich gestrickt werden, also wechselseitig angezogen werden können, halten doppelt so lange.
– Wenn die Wolle am Ende von den Nadeln rutscht, aus Knetgummi oder kleinen Pappscheiben zusätzliche Köpfchen über die Nadeln schieben.
– Strumpffersen und -spitzen durch einen starken Beilauffaden schützen.
– Aus zu klein gewordenen Kinder-Wollhöschen mit der Maschine einfache Fäustlinge nähen.
– Wer Pullover- und Jackenärmel von der Armkugel zum Bündchen hin strickt, hat es später leichter, wenn er die Ärmel verlängern möchte.
Die Wolle vom aufgeribbelten Pullover über ein wasserfestes Tablett wickeln, sie anschließend naß machen und auf dem Tablett trocknen lassen. So behandelt, läßt sich die Wolle wieder gleichmäßig verstricken.

Farbechtheit von Futterstoffen prüfen

Geheimtip: Feuchten Sie ein Papiertaschentuch mit etwas Speichel an und fahren Sie damit kräftig über den Rand vom Futterstoff. Seien Sie vorsichtig, daß die Verkäuferin es nicht bemerkt. Nur wenn das Tüchlein weiß bleibt, ist der Stoff farbecht.

Ist Ihre Nähmaschine zu laut?

Vielleicht sollten Sie sie wieder einmal gut durchölen? Im übrigen lohnt es sich, eine Schreibmaschinen-Filzunterlage zu kaufen und diese unterzulegen. Sie dämpft das Nähgeräusch erheblich.

Maßband auf der Nähmaschine

Wenn Ihre Maschine kein aufgedrucktes Maßband hat, markieren Sie mit rotem Nagellack die Zentimetereinheiten, oder kleben Sie ein Stückchen Maßband mit doppelseitigem Klebestreifen auf.

In gleicher Breite absteppen

Säume, Biesen und Falten gleichmäßig abzusteppen, ist nicht so leicht. Kleben Sie in entsprechender Entfernung vom Füßchen einen farbigen Klebestreifen neben die Stichplatte und führen Sie den Stoff an dessen Kante entlang. So kann nichts mehr schiefgehen.

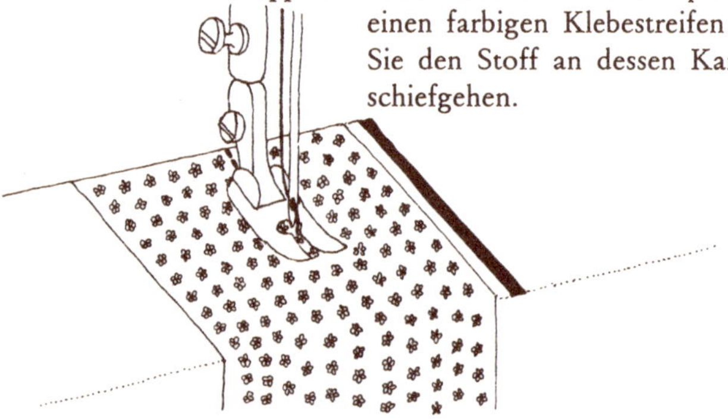

Wellige Reißverschlüsse

Wenn Sie alte, wellige Reißverschlüsse wieder verwenden wollen, zunächst waschen und stärken, dann unter einem Tuch glattbügeln.
Reißverschlüsse wellen nicht beim Einnähen, wenn der Reißverschluß selbst sehr straff gehalten wird, der Stoff hingegen sollte locker aufgelegt werden. Ausprobieren!

Plastik oder Wachstuch nähen

Ärgerlich, wenn der Stoff so schwer rutscht. Die Nähte mit Öl bepinseln. Oder beiderseitig mit Papier belegen. Synthetisches Garn verwenden, hält besser!

Säume richtig feststecken

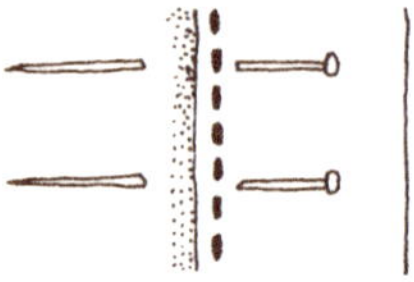

Stecken Sie die Stecknadeln immer quer zum Saum ein und zwar so, daß das Köpfchen auf der Schmalseite sitzt. Dann können Sie die Nadeln während des Nähens laufend leicht herausziehen, wenn Sie einmal eine Nadel übersehen, näht die Maschine darüber, ohne daß die Nähnadel abbricht.

Risse, Triangel und Löcher reparieren

Stopfnadel ade! In Kaufhäusern gibt es neuerdings ein Wunderpulver. Bestreuen Sie einen Flicken damit, legen Sie dann das kaputte Kleidungsstück darauf und bügeln Sie darüber. Die Flickstelle ist kaum sichtbar.

Hosen- und Sakkotaschen flicken

Das wird uns heute so leicht gemacht, daß auch ungeschickte Junggesellen damit fertig werden. Besorgen Sie sich aus dem Kaufhaus aufbügelbare Hosen- oder Sakkotaschen. Auf Nadel und Faden können Sie verzichten. Sie benötigen wirklich nur ein Bügeleisen.

Ordnung im Nähkasten

Leere Hüllen von Zahnbürsten sind vorzügliche Behälter für große Stopfnadeln und das Häkelnadelsortiment.

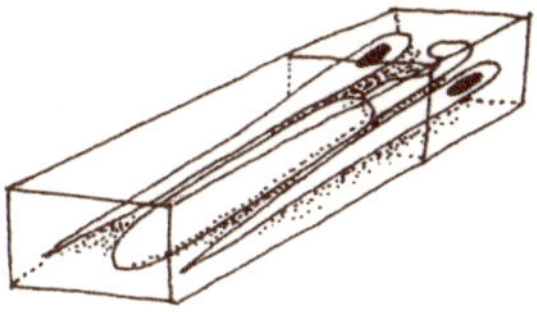

Schnittmuster

Kleben Sie das Schnittmuster mit Klebestreifen auf den Stoff. So liegt es glatt, Sie brauchen keine Stecknadeln mehr zu entfernen.

Schnittmuster aufbewahren

Damit Sie schnell erkennen, von welchem Kleid das Schnittmuster ist, heften Sie ein Stückchen Stoff mit Klebestreifen auf das Schnittmuster. Datum daraufschreiben.

Kopfkissenbezüge ohne Knöpfe

Ganz leicht zu nähen, besonders praktisch für längliche Kissen. Die nach dem untenstehenden Schema genähten Kissen können problemlos gemangelt werden, das Kissen wird unter die kurze Deckplatte geschoben. Eine schwedische Erfindung, die sich bei rechteckigen Kopfkissen (50 × 70 cm) sehr bewährt.

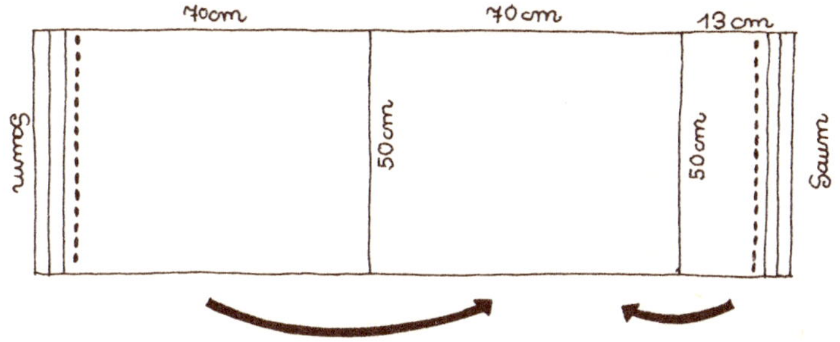

Knöpfe richtig annähen

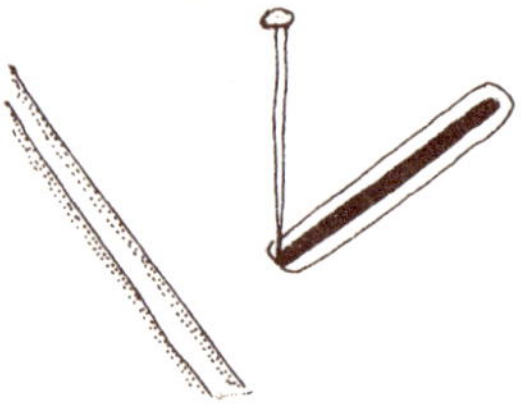

Sie mögen noch so oft messen, es stimmt doch nicht! Legen Sie beide Stoffteile mit den vorderen Kanten aufeinander, dann stechen Sie eine Stecknadel durch das vordere Knopflochende – bitte nicht durch die Mitte. Stimmt garantiert!

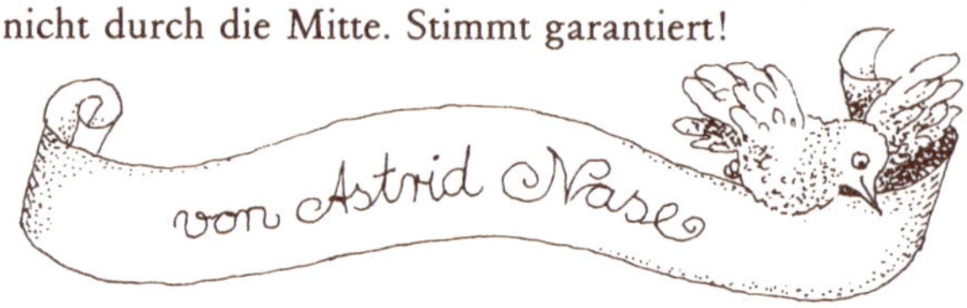

Knöpfe haltbar annähen

Den Faden vor dem Nähen durch Wachs ziehen, keinen doppelten Faden verwenden. Streichholz zwischen Stoff und Knopf schieben, damit der Hals lang genug ist. Besonders gut halten Knöpfe, an deren Unterseite ein Gegenknopf oder ein Ripsband befestigt ist. Nie das Bügeleisen auf die Knöpfe setzen, immer von der Unterseite her bügeln.

Knopflöcher in fransenden Stoffen nähen

Das ist gar nicht so leicht. Aber es wird einfacher für den, der ein Stückchen dünne Vlieseline aufbügelt. Ausgefranste Knopflöcher halten noch eine Weile, wenn sie mit farblosem Nagellack bepinselt werden.

Selbstgenähtes anprobieren und abstecken

Vorausgesetzt, Sie sind gleichmäßig gewachsen, ist es zweckmäßig, das Kleidungsstück so anzuziehen, daß die Nähte nach außen gerichtet sind. Dann können Sie wesentlich leichter abstecken.

Aufhänger für Küchen- und Handtücher

Nähen Sie grundsätzlich auf beiden Seiten Aufhänger an. Aufhänger aus Gummiband reißen nicht so schnell. Neuerdings gibt es auch Metallklips mit Aufhängern, bei denen das Annähen entfällt. Aber bitte nicht vergessen, vor der Wäsche zu entfernen.

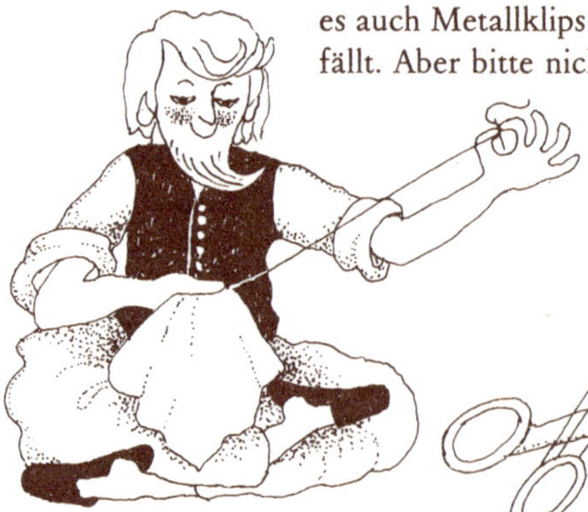

Abnäher oder Falten markieren

Legen Sie beide Stoffteile aufeinander. Zeichnen Sie auf der Oberseite die Falte oder den Abnäher kräftig ein. Auf den Stoff klopfen. Die Markierung ist auf beiden Seiten erkennbar.

Webekanten einschneiden

Webekanten ziehen oft die Stoffe zusammen. Das kann durch Einschneiden verhindert werden. Beim schrägen Einschneiden franst der Stoff nicht aus!

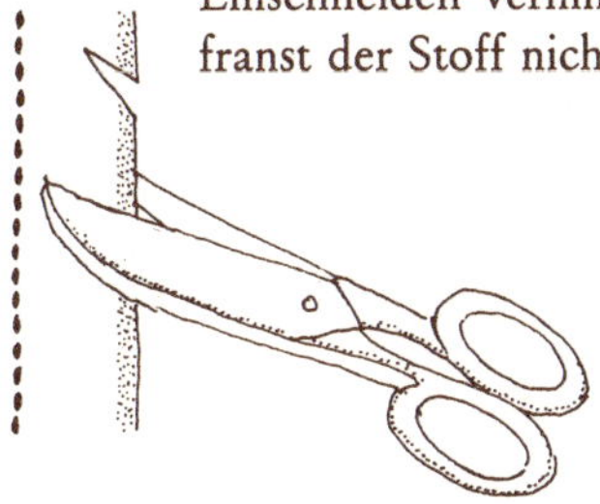

Faltenröcke, die sich bewähren

Wer die inneren Faltenbrüche biesenartig absteppt, hat immer gutsitzende Falten und beim Waschen, Reinigen und Bügeln keine Probleme, die ursprünglichen Falten wiederzufinden.

Knicke an Säumen vertuschen

Abgestoßene Säume an Röcken oder Hosen mit Borten, Kordeln, Litzen oder einer einfachen Stickerei bedecken.

Jeansweisheiten

Vor dem ersten Tragen die Knie mit einem Flicken unterlegen. Den Flicken schneiden Sie aus den Beinlängen alter Jeans! Durchgescheuerte Jeans abschneiden, als lustige Bermuda-Shorts auftragen!

Bettlaken, die nicht verrutschen

Befestigen Sie an drei etwa 2 cm breiten Gummibändern von jeweils etwa 70 cm Länge an beiden Enden einen Clip, ähnlich wie Hosenträgerclips. Mit diesen Clips die Bettlaken auf der Unterseite der Matratzen der Zeichnung entsprechend zusammenhalten. Das Leintuch verrutscht nicht. Sie brauchen nicht auf Spannbettlaken-Besitzerinnen eifersüchtig zu sein; die haben ihren Kummer beim Zusammenlegen nach dem Bügeln!

Tischdecken für Balkon oder Terrasse

Markisenstoff in passender Größe kaufen, die Kanten umsäumen. Unglaublich, aber wahr, der Stoff nimmt so wenig den Schmutz an, daß Sie die Decke die ganze Saison kaum zu waschen brauchen.
Oder eine Decke aus doppeltem Stoff anfertigen, diesen verstürzt aufeinandernähen, in die Ecken große Bleitaler einnähen. Durch die doppelte Stofflage knittern diese Decken nicht beim Zusammenlegen, selbst bei Wind bleibt die Decke durch die Bleitaler liegen.
Oder Kieselsteine mit weißem Baumwollgarn umhäkeln, eine Schnur mit einem Clip anbringen, diese Beschwerer an die vier Ecken klemmen.

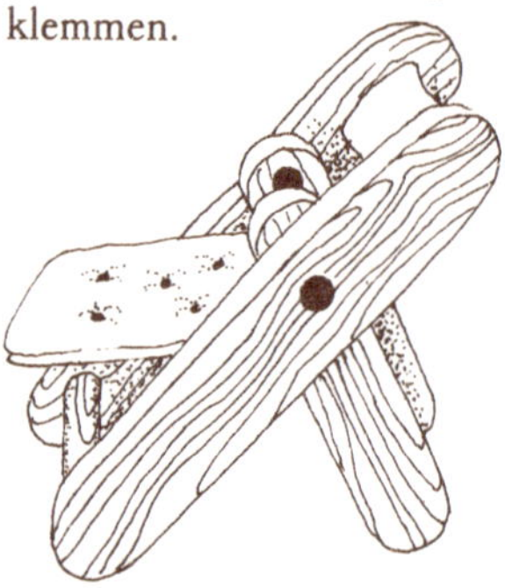

Partner für Einzelsocken gesucht

Heben Sie verwitwete Socken aus Baumwolle oder Kunstfasern auf. Alle zusammen etwa 20 Minuten durchkochen, die Farben gleichen sich an, so daß Strohwitwer ihre Partner finden. Vorsicht! Socken aus reiner Wolle gehen ein bei dieser Prozedur.

Verwaschene T-Shirts wieder hübsch

Drehen Sie, eventuell gemeinsam mit Ihren Kindern, an verschiedenen Stellen Zipfel mit einer Kordel ab und tauchen Sie das Kleidungsstück in ein dunkleres Batik-Farbbad.
Erst trocknen lassen, dann die Kordel lösen. Ein Überraschungseffekt – mit Sicherheit!

Lohnt es sich, die Bettwäsche selbst zu waschen?

Rechnen Sie einmal aus, was die Benutzung der Mietwaschküche, das benötigte Wasch- und Spülmittel, der Trockner, der Strom für das Bügeleisen kostet und wie lange Sie außerdem Ihre eigene Zeit aufwenden müssen. Wenn Sie Ihre Zeit zu einem normalen Stundenlohn einkalkulieren, werden Sie vielleicht feststellen, daß es günstiger ist, die Wäsche von einer Großwäscherei schrankfertig waschen zu lassen und in der ersparten Zeit Geld zu verdienen. Vielleicht können Sie Nachhilfestunden geben?

Wäsche kennzeichnen

Mit Kugelschreiber Marke »BIC« beschriften.

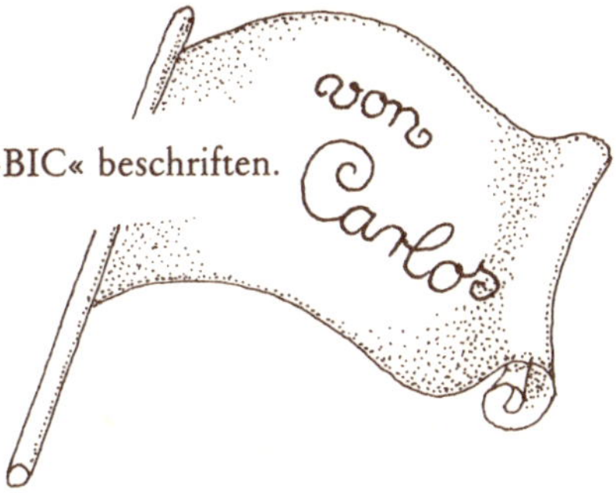

Fleckige Wäsche kennzeichnen

Normalerweise verschwinden mit den heutigen Waschmitteln alle Flecken beim normalen Waschen. Haben Sie einmal ein besonders fleckiges Stück, knoten Sie es locker zusammen, ehe Sie es in den Wäschekorb geben. Dann werden Sie an die Flekken erinnert, ehe Sie das Teil in die Waschmaschine stecken und können es mit Fleckenpaste o. ä. vorbehandeln.

Vor dem Waschen beachten

- Taschen umstülpen
- Säume von Kleidern, Röcken und Hosen, die verlängert werden sollen, vor dem Waschen auftrennen, damit es keine Stoßkanten gibt
- Reißverschlüsse schließen
- kaputte Wollsachen stopfen
- hartnäckige Flecken entfernen
- Kragenränder mit Spezialmitteln oder Shampoon einreiben
- Nicht waschbare Knöpfe abtrennen, dabei einen Kamm dazwischenschieben, mit Trenner oder Rasierklinge schneiden.

Waschmaschinentricks

Wäsche nicht nach großen und kleinen Teilen sortieren, dadurch wird ein Zusammenballen bei großen Wäschestücken vermieden. Gemischte Füllungen sind also günstiger.

Cordhosen waschen

Vor dem Waschen auf die linke Seite ziehen, die Hosen werden nicht so schnell abgerieben und bekommen keine Knickstellen. Klitschnaß aufhängen! Nicht schleudern! Noch feucht kräftig bürsten.

Tischdeckenfransen glätten

Schlagen Sie die Decke mit den Fransen im nassen Zustand kräftig gegen eine Tischkante, das glättet die Fransen.

Unansehnliche Perlonwäsche wieder schön

Kochen Sie eine sehr große Portion starken Tee, legen Sie die angegrauten und vergilbten Wäscheteile nacheinander in das Farbbad, dabei gut durchdrücken, damit sich die Farbe gleichmäßig verteilt. – Die Wäsche erhält einen angenehmen cremefarbenen Hauch.

Empfindliche Spitzen waschen

Spitzen, Schleier, Kinderkragen und Goldlitzen werden durch Schütteln in Seifenlauge oder Spiritus in einem festverschlossenen Schraubdeckelglas schonend gewaschen.
Statt in einem Schraubdeckel- oder Weckglas können Sie die Spitze auch in ein Stück eines ausgedienten Nylonstrumpfes knoten und in Seifenlauge durchdrücken.

Wolldecken waschen

Decken aus reiner Wolle sollten nur lauwarm und ohne Schleudergänge gewaschen werden. Tropfnaß diagonal aufhängen. Während des Trocknens ab und zu von der Leine nehmen und zu zweit schütteln und kräftig ausschlagen, dadurch werden sie schön flauschig. Nach dem Trocknen mit einem groben Kamm die Oberfläche gleichmäßig auflockern.

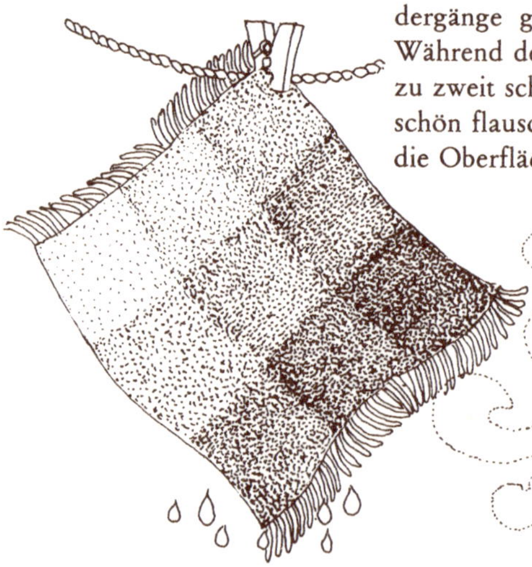

Acryldecken waschen

Kunstfaserdecken können Sie gut selbst waschen. Diagonal auf die Leine hängen, dann bekommen sie keine Zipfel.

Wolle sollte nicht verfilzen

Daß Wolle durch zu heißes Waschen oder zu starkes Wringen verfilzt, wissen wir alle. Daß Fleischzartmacher (1 Eßlöffel der Waschlauge zufügen) vorbeugt, ist neu!

Weichspüler für Wolle

Ins letzte Spülbad einen Teelöffel Borax geben. Billig und vorzüglich!

Weiße Wolle

Weiße Wollsachen gilben, wenn sie in der Sonne getrocknet werden. Vor dem Trocknen auf links ziehen und immer in den Schatten hängen oder legen!

Mohairsachen pflegen

Daß Mohair flauschig wird, wenn Sie die Teile ins Tiefkühlfach legen, stimmt – leider – nicht. Aber:

- Mit Feinwaschmitteln waschen, mit Weichspüler spülen.
- Während des Trocknens gelegentlich schütteln.
- Zum Schluß mit einem groben Kamm in vier Richtungen kämmen. Dann sehen Pullis, Stolen und Decken wieder wie neu aus!

Wolle dämpfen

Die Farben werden frischer, wenn Sie dem Wasser zum Anfeuchten des Dämpftuches einen Schuß Salmiak oder Essig zugeben.

Hilfe, der Pulli kratzt!

Vor dem Tragen in die Gefriertruhe legen.
Die Ärmel mit ausgedienten Perlonstrümpfen füttern.
Blusen darunterziehen.

Ausgeleierte Rollkragen

Ein Gummi passender Weite mit Knopf und Öse ausstatten, vor dem Umschlagen des Kragens um den Hals knüpfen.

Glänzende Wollstoffe auffrischen

Häßliche Glanzstellen verschwinden durch Bürsten mit Essigwasser. Oder das Kleidungsstück über einen Topf mit kochendem Wasser spannen und den Dampf durchströmen lassen, dabei heftig bürsten. In hartnäckigen Fällen vorsichtig in Strichen von etwa 15 cm Länge mit sehr feiner Stahlwolle abreiben. Werden die Striche zu lang, wird der Druck unregelmäßig. Danach bürsten.

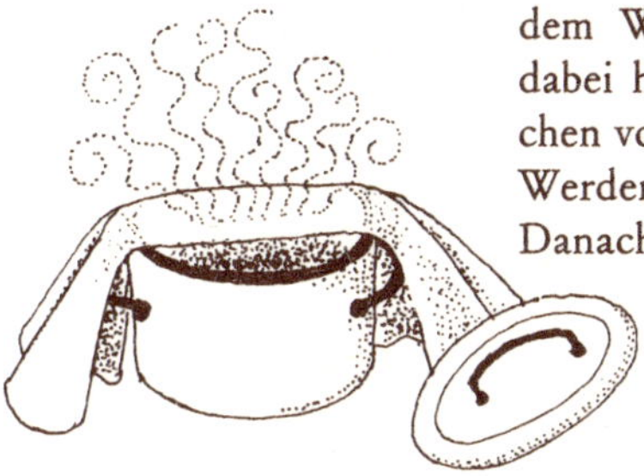

Schafwollvorleger waschen

Das Fell auf einem großen Brett mit Heftzwecken befestigen, schräg in die Badewanne stellen und über die rechte Hand einen alten hellen Wollsocken ziehen. Mit kreisförmigen Bewegungen mit Feinwaschlösung waschen, mit Seifenwasser spülen. Zum Trocknen in den Schatten stellen. Wenn das Fell halb trocken ist, vom Brett nehmen, und alle drei Stunden über eine Tischkante ziehen, damit das Leder weich bleibt. Erst wenn das Fell ganz trocken ist, die Haare mit einem groben Besenkamm etwas nachkämmen. So behandelt wird das Fell wieder wie neu. Für die schnelle Reinigung mit heißem Kartoffelmehl bestreuen, dann saugen und klopfen.

Druckstellen bei Leinensamt und Plüsch

Kleidungsstücke und Möbel aus Leinensamt oder Plüsch bekommen auf die Dauer Druckstellen. Während Sie Kleidungsstücke wie Samt über Wasserdampf aufbürsten können, müssen Sie bei Möbeln mäßig angefeuchtete Tücher auf die Stellen legen. Keinesfalls tropfnaß, das gibt Flecken oder Ränder. Einige Zeit die Feuchtigkeit einwirken lassen, dann trockenfönen, dabei gleichzeitig den Stoff mit einer harten Nagelbürste bürsten.

Samt pflegen – Filzhüte aufmöbeln

Über Wasserdampf halten und kräftig bürsten oder anfeuchten und mit feiner Stahlwolle vorsichtig abreiben.

Filzhüte pflegen

Um Schweißränder zu vermeiden, zwischen Hutband und Hut einen Stanniolstreifen und zur Lederseite hin einen Zellstoffstreifen legen.

Praktische Wäschekörbe

Endlich gibt es Wäschekörbe mit herausklappbaren Beinen, die uns dauerndes Bücken ersparen. Oder den alten Korb auf das Gestell vom ausgedienten Stuben- oder Kinderwagen stellen oder ein entsprechendes Gestell basteln (lassen).

Wäsche aufhängen

Haben Sie sich einmal überlegt, ob es wirklich nötig ist, alle Wäschestücke anzuklammern? Wird die Wäsche auf Wäscheleinen im Keller getrocknet und haben Sie es nicht eilig, genügt es in vielen Fällen, wenn Sie die Haushaltswäsche einfach zur Hälfte über die Leinen schlagen, sie verzieht sich auch nicht so schnell. Für große Teile Haushaltswäsche können Sie das System sogar im Garten anwenden. Zwar spart man Platz, wenn man mehrere Taschen- oder Geschirrtücher an den Zipfeln zusammen anklammert, doch verzieht sich die Wäsche dabei sehr. Blusen, Hemden und Schürzen werden immer an den Säumen angeklammert oder auf Bügeln getrocknet.

Wäsche im Winter aufhängen

Kochen Sie die Holzwäscheklammern vor dem allerersten Gebrauch einmal in starker Salzlösung aus, sie kleben dann auch bei starkem Frost nicht mehr an der Wäsche fest. Wenn Sie die Klammern im Winter einige Zeit zuvor in den Backofen zum Aufwärmen legen, greifen Sie noch einmal so gern in den Klammerbeutel.
Dem letzten Spülmittel im Winter etwas Salz zufügen, dann friert die Wäsche nicht steif!

Kleiderbügel auf der Leine

Stecken Sie immer gleich zwei Kleiderbügel in das Kleidungsstück, das Sie auf der Leine trocknen möchten. Die Haken sollen zueinander weisen. Dann kann der Wind das Teil nicht von der Leine pusten.
Die Bügel rutschen nicht zusammen, wenn Sie zwischen die verschiedenen Kleidungsstücke Wäscheklammern an die Leine klemmen oder das Seil knoten.
Ideal sind aufblasbare Plastikbügel! Auch für Männer auf Reisen.

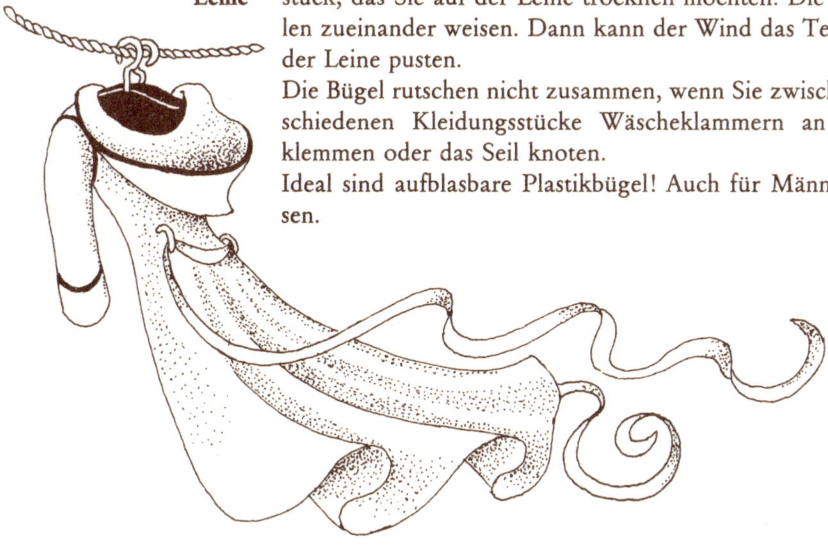

Ärmelbrett frisch beziehen

Ist der Bezug Ihres Ärmelbretts unansehnlich geworden, überziehen Sie ihn mit der ausrangierten Beinlänge einer langen Herrenunterhose oder eines Baumwollstrumpfes.

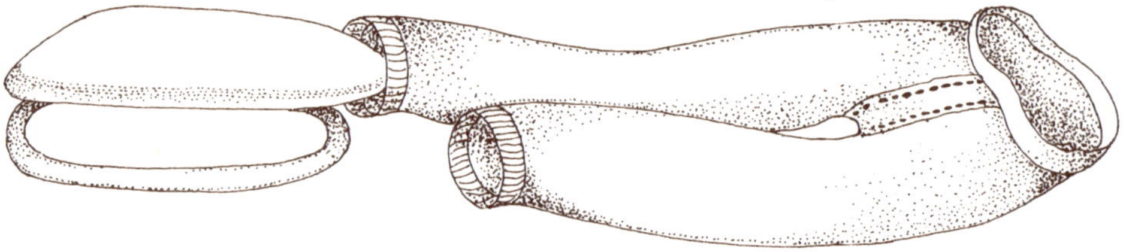

Dampfbügeleisen sparen Zeit

Nehmen Sie bitte kein frisches Wasser aus der Leitung, weil es das Gerät verkalken würde. Wasser abkochen, Reste vom morgendlichen Kaffeewasser verwerten.

Auf Alufolie bügeln

Metallisierte Bügelunterlagen und Bügelbrettauflagen lohnen sich. Die Hitze wird reflektiert. Den gleichen Effekt erzielen Sie, wenn Sie zwischen Brett und Auflage ein Stück Aluminiumfolie legen oder kleben.

Trockene Wäsche bügeln

So wird's gemacht: Wäsche einsprengen, fest aufrollen, in ein Stück Packpapier stecken, in den Backofen legen, diesen anheizen. Das Bügeleisen aufheizen. Wenn es warm ist, hat die Backofenhitze die Wäsche erwärmt, so daß der Dampf die Fasern gleichmäßig angefeuchtet hat.

Wäsche einsprengen

Nehmen Sie lauwarmes Wasser, es zieht rascher durch! Rollen Sie die Wäsche fest auf und geben Sie sie in einen Plastikbeutel, dann trocknet sie nicht aus. Verschiebt sich der Bügeltermin? Wäsche in den Kühlschrank legen! Aber bitte nicht vergessen, sonst wird sie auch darin stockig!

Bügeln

Achtung, Wäsche, die nicht ganz trockengebügelt wurde oder nach dem Bügeln nachtrocknet, wird wieder kraus und zuweilen sogar stockig.

Krawatten bügeln

Krawatten zu bügeln, ohne daß die Naht durchdrückt, ist nur mit einer Pappschablone möglich. Aus dem Rücken eines Briefblocks eine passende Schablone schneiden, in die Krawatte schieben, dann diese mit einem Tuch vorsichtig dämpfen. Schablone beim Bügelzeug aufheben.

Gestärkte Wäsche bügeln

Gestärkte Tischtücher, Servietten, Kittel und Blusen grundsätzlich von rechts bügeln. Dabei verklebt die Stärke, wird glatt und glänzend, der Stoff nimmt den Schmutz nicht so schnell an.

Ausgebeulte Hosen

Wenn Sie ausgebeulte Hosenknie überhaupt vermeiden wollen, müssen Sie ein sehr dünnes, aber festes Stück Futterstoff so an die seitlichen Hosennähte steppen, daß der Futterstoff ein wenig enger als die Hose ist.
Sind die Knie ausgebeult, dann zunächst die Hose von der linken Seite mit einem feuchten Tuch flach liegend bügeln, dann erst die Hosenfalten von der rechten Seite wieder einbügeln.
Bügelfalten halten besser, wenn sie von links mit Kernseife eingerieben werden.

Chintz bügeln

Chintz glänzt, wenn er von der rechten Seite mit recht viel Druck gebügelt wird, weil die Wachsschicht dann etwas schmilzt.

Kragen exakt bügeln

Stets von der Kragenspitze zur Kragenmitte hin bügeln! Hilft Fältchen vermeiden.

Oberhemden falten

Oberhemden sind im Handumdrehen gleichmäßig gefaltet, wenn Sie einen Karton entsprechender Größe auf den Rücken des Oberhemds legen, dann die Seiten und die untere Hälfte herumschlagen. Karton wieder herausziehen. Der Karton kann für alle Hemden benutzt werden, sie haben dann auch das gleiche Format.

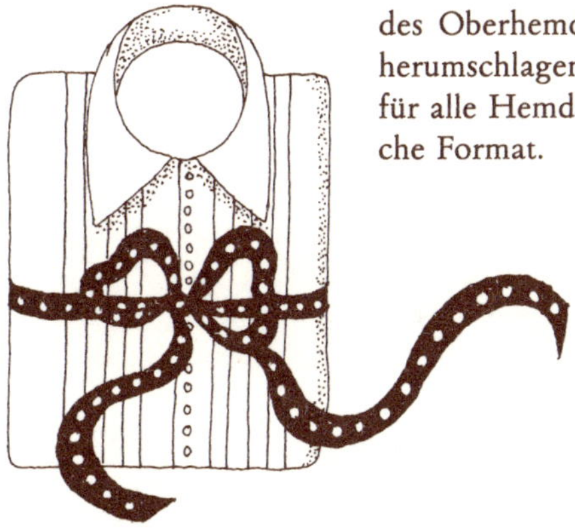

Tischläufer ohne Knickstellen

Lange Tischläufer lassen sich schlecht im Wäscheschrank aufheben, es sei denn, Sie wickeln sie über Papprollen. Mit Gummibändchen festhalten.

Pflege von Lederschuhen

Stopfen Sie Ihre nassen Schuhe mit Zeitungspapier aus, nach zwölf Stunden durch trockenes austauschen. Die Schuhe behalten ihre Form. Nach dem Trocknen mit Rizinusöl einreiben.

– Stülpen Sie nasse Schuhe über Besenstiele, insbesondere für Gummistiefel praktisch!

– Weiße Schneeränder an Lederschuhen verschwinden durch mehrmaliges Abreiben mit ungekochter Vollmilch, anschließend mit Schuhcreme eincremen.

– Lackschuhe werden durch Abreiben mit einer halbierten Zwiebel wieder blank.

– Lederschuhe glänzen schön, wenn Sie sie mit dem Inneren einer Bananenschale abreiben. Merken Sie sich diesen Tip für Reisen, denn in den meisten Hotels werden keine Schuhe mehr geputzt.

– Drückende Schuhe schmerzen und verursachen Hühneraugen. Die Schuhe mit reichlich Spiritus anfeuchten, naß anziehen. Das Leder dehnt sich.

– Neue glatte Ledersohlen mit Schmirgelpapier oder über rauhen Steinen aufrauhen! Bei Kleinkindern und älteren Menschen unbedingt erforderlich.

– Knarrende Ledersohlen drei- oder viermal mit einem dünnen Nagel einstechen!

– Ist keine Schuhcreme zur Hand, Bohnerwachs nehmen.

– Ist die Schuhcreme hart geworden, etwas Terpentin darauf träufeln.

– Sind Wildlederschuhe glänzend geworden, mit Schmirgelpapier aufrauhen und über Wasserdampf bürsten.

– Abgestoßene Spitzen von Kinderschuhen mit Schmirgelpapier gleichmäßig aufrauhen und mit farbiger Schuhcreme einreiben.

Weiße Lederhandschuhe säubern

Hände mit den angezogenen Handschuhen in einer Mischung aus Milch und Salmiak gut waschen. An kühler Stelle trocknen, gelegentlich dabei durchreiben.

Wenn Sie einen feuchten Fleck nicht gut trockenreiben, gibt es oft häßliche Ränder. Das muß nicht sein. Nehmen Sie den Haarfön zum Trocknen. Noch ein Tip: Es ist sinnvoll, das Fleckenmittel grundsätzlich an einer wenig sichtbaren Stelle auszuprobieren. Spiritus, Salmiak, Wasserstoffsuperoxyd, Benzin sind neben Salz, Kartoffelmehl, Essig, Milch und Zitronensaft heute unsere wichtigsten Helfer.

Tinte
Weg mit dem Fleck!

Alleskleberflecke Sie sind lästig, denn meistens saugt sich der Kleber tief in die Wollkleidung. Erst vorsichtig mit Aceton einweichen, anschließend mit Seifenmitteln auswaschen.

Bierflecke Aus Textilien mit Spiritus-Wassergemisch entfernen.

Blutflecke Immer zunächst mit kaltem Wasser auswaschen, weil durch heißes Wasser das Eiweiß gerinnen würde.

Eigelbflecke Lassen Sie den Fleck erst völlig trocknen. Dann läßt sich das Eigelb herausreiben und -kratzen. Zum Schluß mit Fleckenwasser oder Benzin nachbehandeln.

Erdbeerflecke Sie sind hartnäckig. Neuerdings gibt es Spezialstifte, aber Sie können auch Borax mit Salmiakgeist mischen.

Farbbandflecke Beim Auswechseln des Schreibmaschinenbandes möglichst Wegwerfhandschuhe anziehen. Sonst Hände mit Spiritus reinigen.

Fettflecke von Textilien entfernen Kartoffelmehl einige Millimeter dick daraufstreuen, einreiben, nach einer halben Stunde herausschütteln, -bürsten, -klopfen. Der Erfolg ist erstaunlich.
Oder Schneiderkreide mit dem Messer abschaben, daraufstreuen. Verursacht niemals Ränder!

Fettflecke von Schuhen entfernen Fettflecke kann man von Schuhen entfernen, indem man Hirschhornsalz mit heißem Wasser verrührt und diesen Brei aufträgt. Nach dem Trocknen abbürsten und die Schuhe wieder eincremen.

Fettflecke und Eselsohren aus Schulbüchern entfernen Natürlich sollte es erst gar nicht passieren. Aber was hilft's? In der Drogerie Bolusbrei kaufen, mit Benzin verrühren, auf den Fettfleck streichen, das Buch zuklappen und beschweren. Später das trockene Pulver abbürsten.

Fettflecke auf Fußböden und Geräten aus Holz
Zunächst mit Löschpapier, das mit Benzin befeuchtet wurde, abreiben. Ölige Flecke mit einem Brei aus Lehm und Essig bestreichen, trocknen lassen, dann bürsten.

Fettflecke von Bildern entfernen
Kreidepulver aufstreuen. Oder mit einem in Aceton getränkten Wattebausch vorsichtig betupfen, anschließend mit Löschpapier bedecken und trockenbügeln.

Fliegendreck entfernen
Salmiakgeist und Spiritus verrühren, die verschmutzten Teile damit einreiben.
Mit Fliegendreck verschmutzte Scheiben und Rahmen mit einer halbierten Zwiebel abreiben.

Fliegendreck von Lampen entfernen
Mit einer halbierten Kartoffel einreiben, trocknen lassen, bürsten.

Grasflecke
Aus Baumwollstoffen werden sie bei einer normalen Wäsche durch die üblichen Waschmittel entfernt. Sonst mit Fleckenwasser ausreiben.

Harzflecke
Das beste Mittel ist Terpentin.

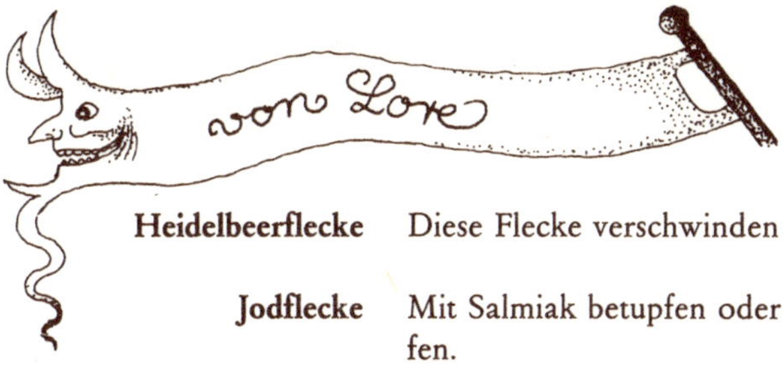

Heidelbeerflecke
Diese Flecke verschwinden durch Zitrone oder saure Milch.

Jodflecke
Mit Salmiak betupfen oder Spezialmittel aus der Drogerie kaufen.

Kakaoflecke
Am besten bald mit kaltem Wasser – ohne Seife – ausreiben.

Kaugummiflecke
Kleine Kleidungsstücke in das Frosterfach legen. Bei größeren Kleidungsstücken, Teppichen oder Polstern Eiswürfel auf den Fleck legen. Der Kaugummi wird durch die Kälte spröde und läßt sich herausreiben.

Kognakflecke in Seide
Keine Sorge, erst mit Alkohol oder Weingeist betupfen, dann Zellstoff daraufdrücken.

Kugelschreiber- oder Filzstiftflecke Probieren Sie es mit reinem Alkohol oder, falls der nicht zur Hand ist, mit Kölnisch Wasser. Kopierstiftflecke lassen sich mit Spiritus entfernen.

Lippenstiftflecke Mit Seifenspiritus ausreiben, es bleiben keine Ringe! Oder in Glyzerin einweichen und mit Alkohol auswaschen.

Milchflecke Grundsätzlich mit kaltem Wasser auswaschen.

Nagellackflecke Aceton hilft bestimmt.
Kleidungsstücke aus reiner Seide, Rayon oder Mischfasern besser in die Reinigung geben.

Obstflecke auf den Händen Richtig ist es, die Hände an den Einmachtagen mehrere Male einzucremen, damit sich die Farbstoffe nicht so tief in die Haut fressen können. Dann mit Zitronensaft oder verdünnter Chlorbleichlauge oder Wasserstoffsuperoxyd säubern. Um unter den Fingernägeln zu säubern, einen Wollfaden mit Zitronensaft befeuchten und diesen dann hin und her ziehen.

.... und auf Wäsche Möglichst bald kochendes Wasser darübergießen. Oder die Stellen mit verdünntem Wasserstoffsuperoxyd betupfen, dann bald waschen.

Ölflecke im Teppich Aus Magnesia und Benzin einen Brei rühren, diesen auftragen und trocknen lassen. Dann gut bürsten und saugen.

Parfümflecke Versuchen Sie es mit verdünntem Salmiakgeist.

Rostflecke Am besten mit einem käuflichen Roststift betupfen. Oder Sauerkleesalz nehmen, das ist aber sehr giftig!

Rostflecke von Metall entfernen Rostflecke, beispielsweise am Bügeleisen, werden mit einer Mischung von Salz und Butter bzw. Margarine bestrichen. Einige Zeit einwirken lassen, mit Küchenkrepp abwischen.

Rotweinflecke
Salz darauf streuen, ist ein altes Hausmittel. Wenn Sie aber zuerst etwas Weißwein daraufgießen, dann die Stelle trockentupfen und danach erst mit Salz bestreuen, werden Sie merken, daß dieser Tip noch besser funktioniert.

Ruß auf dem Teppich
Wer einen Kamin hat, wird froh sein zu wissen, daß die Rußflecke sich durch Abreiben mit Salz entfernen lassen. Erst zum Schluß, also nach dem Absaugen, mit etwas Feinwaschlösung oder Teppichshampoon nachbehandeln.

Schimmel an Zelten und Seesäcken beseitigen
Natriumhypochlorit, welches Sie in der Apotheke oder Drogerie bekommen, mit 20 Teilen Wasser vermischen, die befallenen Stellen von außen mit einem Schwamm benetzen, später gut trocknen lassen.

Schokoladenflecke
Mit kaltem Wasser auswaschen. Oder erst trocknen lassen, dann abkratzen, zum Schluß mit Benzin behandeln.

Schuhcreme
Zunächst mit Terpentin aufweichen, dann mit Seifenlauge oder Benzin auswaschen.

Sengflecke in der Wäsche
Entweder das Teil erneut waschen und in die Sonne legen oder sofort mit Essigwasser einreiben, wieder vollkommen trocknen lassen und erst dann wieder bügeln.

Speiseeisflecke auf weißen Stoffen
Kaum zu glauben, aber es hilft! Bereiten Sie aus Domestos-WC-Reiniger einen Brei, reiben Sie den auf den Fleck, er verschwindet nach kurzer Zeit. Nachwaschen! Funktioniert leider nur auf wirklich weißen Stoffen.

Teer- und Schiffsölflecke
Mit Benzin oder Tetrachlorkohlenstoff, besser noch mit Terpentinersatz ausreiben.

Tintenflecke
Tintenflecke an Händen mit einem Streichholz abreiben. Bei starker Verschmutzung Zitronensaft, Wasserstoffsuperoxyd, Essigessenz nehmen.
Aus Textilien mit saurer Milch, Zitronensaft oder Buttermilch entfernen, anschließend waschen.

Urinflecke im Teppich

Haben Hund, Katze oder Baby Malheur gehabt? Je früher Sie das Unglück bemerken, um so besser. Tupfen Sie zunächst mit reichlich Küchenkrepp alle nur eben mögliche Nässe ab, dabei den Zellstoff zum Schluß mit dem Fuß sehr fest auf das Gewebe drücken. Je mehr Feuchtigkeit herausgedrückt wird, um so weniger werden Sie sehen.

Anschließend entweder mit verdünnter Spülmittellösung nachwaschen oder dick Salz darauf streuen, dieses verreiben, mit dem Staubsauger aufsaugen. Den Vorgang wiederholen. Das Salz nimmt die letzte Feuchtigkeit und damit den Fleck aus dem Teppich. Beim Reinigen mit Seifenlösung bis zum völligen Trocknen eine Zeitung unterschieben, damit das Grundgewebe nicht leidet.

Kerzenwachsreste entfernen

– Von *Textilien:* erst abkratzen, dann ausbügeln, Leinen und Baumwolle anschließend in die Waschmaschine stecken.

– Von *Teppichen:* erst abkratzen, dann mit Löschpapier bedeckt bügeln. Unter den Weihnachtsbaum ein großes Stück Plastik legen und dicht mit Tannenzweigen abdecken. Hält den Teppichboden sauber!

– Von *Möbeln:* nicht abkratzen, sondern kräftig mit einem ölgetränkten Stück Küchenkrepp abreiben.

Wagenschmiereflecke

Mit Fleckenwasser oder Benzin entfernen.

Wasserflecke auf Holz

Reiben Sie das Holz mit Teaköl, Möbelpolitur, Antikwachs oder einer Mischung aus Salz und Petroleum ab. Grundsätzlich die Mittel erst an unauffälliger Stelle ausprobieren.

Wasserflecke auf Parkett

Zunächst sehr fest mit einem Korken reiben, in hartnäckigen Fällen etwas schmirgeln. Anschließend wachsen.

Weiße Ringe auf polierten Möbeln

– Zigarren- oder Zigarettenasche mit Öl vermischen und diese Mischung mit einem Korken fest einreiben

– oder starken Essig daraufgießen, etwas stehenlassen, dann verreiben.

Hinter der Badezimmertür
Körperpflege, Kosmetik & Schmuck

Ärgerlich, diese schwarzen Badezimmerfugen

Sie werden von Schimmelpilzen hervorgerufen. Nehmen Sie eine Bürste und verdünnte Chlorbleichlauge, dann ist das Ärgernis ganz schnell beseitigt, und das Chlor desinfiziert zugleich.

Waschlappen in Reih und Glied

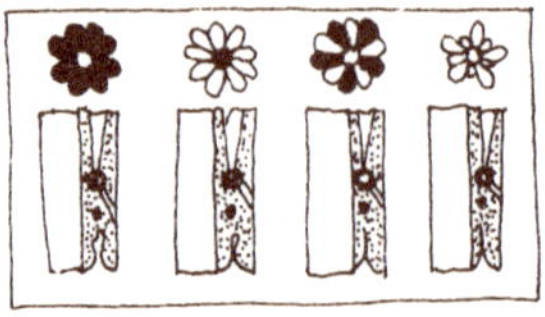

Eine Leiste bunt lackieren, eventuell »Pünktchen-Blumen« mit Ölfarbe aufmalen oder mit Abziehbildchen ankleben. Hölzerne Wäscheklammern in den Farben der einzelnen Familienmitglieder lackieren, auf die Leiste schrauben oder kleben. Dann die Leiste mit doppelseitigem Klebeband, Kontaktkleber oder zwei Schrauben im Bad befestigen. Ideales Weihnachtsgeschenk!

Rasierklingen aufheben

Möchten Sie Rasierklingen zum Wiedergebrauch aufheben? Bitte nicht auf die Ablage legen, weil sie dort immer Rostspuren hinterlassen. Mit Toilettenpapier trocknen und etwa 2 mm tief in die Rasierseife stecken.

Rutschende Handtücher vermeiden

Ärgert Sie, daß das Handtuch immer wieder von der Stange rutscht? Einige Gummis über die Stangen spannen, dann bleiben die Handtücher auf ihren Plätzen!

Spraydosen können gefährlich sein

Vor allen Dingen in der Nähe von Zentralheizungskörpern kann es zu Explosionen kommen. Darum niemals die Spraydosen oberhalb von Heizkörpern aufheben!

Eine Krone für die Seife!

Seife liegt immer trocken, wenn sie einen Kronenkorken tief in das neue Stück eindrücken.
Sie können auch ein Stück Alufolie auf die eine Seite der Seife kleben.

Badeseife, die niemand verliert

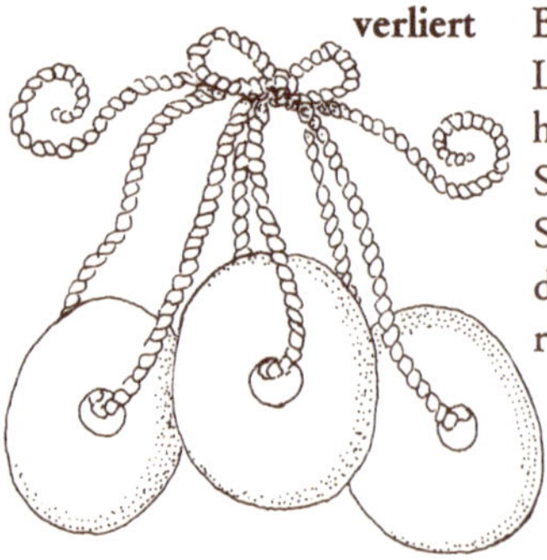

Ein halbes Dutzend große Seifenstücke kaufen, den dicksten Bohrer in die Bohrmaschine spannen, in die Mitte der Seife Löcher bohren. Etwa 80 cm lange Baumwollschnüre durchziehen und verknoten. Im Bad aufhängen. Natürlich kann man Seife am Strick auch fertig kaufen, nur ist sie wesentlich teurer. Sie glitscht nie aus den Fingern, läßt sich beim Duschen auch um den Hals hängen und trocknet später, am Haken aufgehängt, rascher. Praktisches Geschenk.

Seifige Schwämme wieder brauchbar machen

Schwämme aller Art werden wie neu, wenn Sie sie über Nacht in starke Salzlösung legen.
Schwammtücher mit der Buntwäsche waschen.

Zahnbecher, Nagelbürsten, Duschen und Waschbecken reinigen

WC-Reiniger ist nicht nur für die Toilette praktisch. Geben Sie einige Körner in den Zahnbecher, stecken Sie die Nagelbürste hinein, füllen Sie Wasser auf. Becher und Bürste werden wie neu.
Außerdem können Sie mit WC-Reiniger auch Kalkablagerungen von Duschen und Waschbecken entfernen. Glanzspüler von der Geschirrspülmaschine wirkt ähnlich. Aber bitte, immer gut nachspülen, damit die Säure nicht länger als nötig wirkt!

Zahnbürsten reinigen

Stecken Sie die Bürsten gelegentlich in einen Becher mit Wasser und Zahn-Prothesenreiniger.

Waschbecken in kindgerechter Höhe

Möchten Sie Ihre Hände mit hochgestreckten Armen waschen müssen? Unangenehm, nicht wahr? Darum für Ihr Kind aus einem buntlackierten Holzkistchen und etwas Schaumstoff einen Tritt mit gleitsicherer Oberfläche basteln.

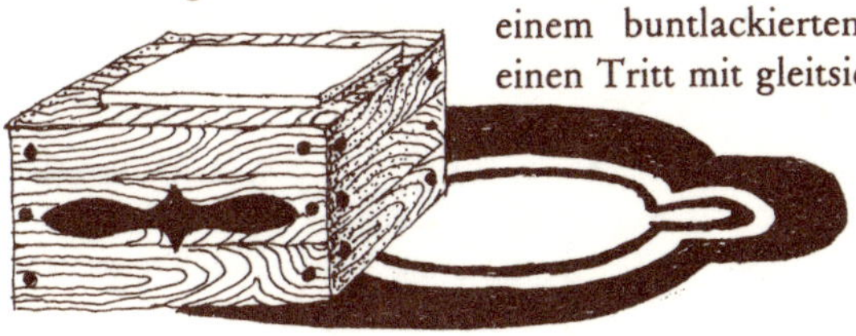

Badewanne

Scheuermittel machen die glänzende, aus Glas bestehende Oberfläche von Badewannen stumpf und schmutzanfällig. Gewöhnen Sie sich an, Ihre neue Badewanne nur mit flüssigen Reinigungsmitteln zu säubern. Ist nichts zur Hand, können Sie sich mit Shampoon, Duschcreme, Kochsalz oder Seifenpulver behelfen.

Dampfbildung vermeiden

Lassen Sie zunächst etwa zehn Zentimeter hoch kaltes Wasser in die Badewanne einlaufen. Dann legen Sie die Dusche hinein und drehen den heißen Wasserhahn auf.

Rutschen in der Badewanne verhindern

Insbesondere bei älteren Menschen kann die Badewanne gefährlich werden. Kaufen Sie eine genoppte Gummimatte, die Sie unten in die Badewanne legen. Auf Reisen tut es ein Frotteehandtuch. Außerdem einen Haltegriff in bequemer Höhe an die Wand schrauben, damit das Aufstehen leichter wird.

Bäder für alle Gelegenheiten

– Gegen unreine Haut hilft – kaum zu glauben – die Zugabe von 500 g einfacher Schmierseife. Mit dem Schneebesen in einem Eimer mit heißem Wasser verschlagen, dann dem Badewasser zufügen. Zum Schluß duschen.
– Gegen Müdigkeit und unreine Haut hilft ein Kamillenbad. 500 g Kamillenblüten mit 2 l kochendem Wasser überbrühen, durchsieben und dem Badewasser zufügen.
Den gleichen Effekt erzielen Sie mit 500 g Lindenblüten.
– Belebend wirkt ein Bad, dem Sie einige Hände voll Kochsalz zufügen.
– Schön werden Sie, wenn Sie einige Sträuße Schlüsselblumen ins Badewasser geben.
– Mindestens 20 Minuten in heißem Wasser baden, dem 2 kg billiges Speisesalz zugesetzt wurde. Anschließend ins Bett gehen, dick zudecken und schwitzen, der Körper wird entschlackt und von Harnsäure befreit. Später gründlich duschen.
– Oder folgende Zutaten mischen: 300 g kohlensaures Natron, 8 g Fichtennadel-Öl (Essenz), 5 g Glaubersalz und je 2 g Bromkali und Fluorescein. Die Menge reicht für ein Dutzend duftender Fichtennadelbäder.

Schlechten Mundgeruch beseitigen

Rührt der schlechte Mundgeruch nicht vom Rauchen, ist die Ursache meistens eine Parodontose oder Magenerkrankung, die natürlich konsequent durch den Facharzt behandelt werden sollte. Also energisch die Zähne putzen, Zahnstein eventuell entfernen lassen, die Magenfunktionen regeln. Außerdem mit Salzwasser gurgeln. Oder dem Zahnputzwasser wahlweise zwei Tropfen Arnikatinktur, Lavendelöl oder Pfefferminzöl zusetzen. Gelegentlich einige geröstete Kaffeebohnen, ein Stückchen Ginsengwurzel oder Myrrhe kauen.

Keine Zahncreme zur Hand

So paradox es klingt: mit zerkleinerten schwarzen Kohletabletten werden Zähne blendend sauber, aber auch mit geriebenen, getrockneten Schalen von Zitrusfrüchten.

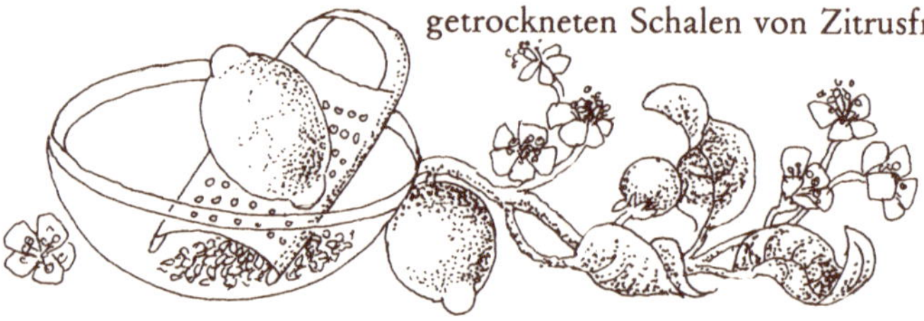

Damenbart beseitigen

Mit Hartwachs einstreichen, nach Aushärtung abziehen oder einfach durch Betupfen mit Wasserstoffsuperoxyd ausbleichen.

Haarprobleme meistern

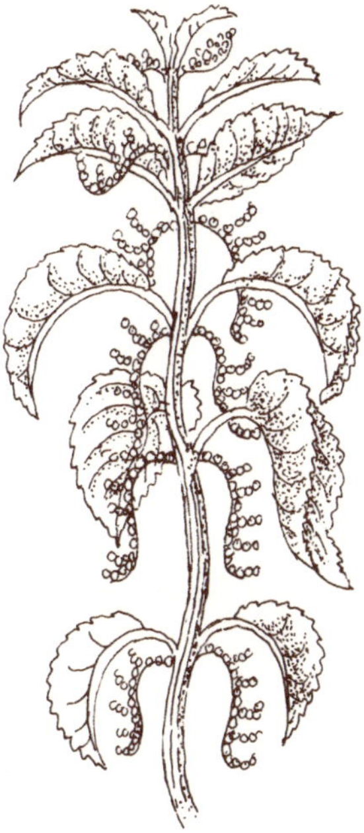

– *Fallen* Ihre Haare *aus?* Es gibt zwar immer noch kein 100prozentiges Mittel gegen Glatze, aber Sie sollten doch vorbeugen. Mischen Sie sich folgendes Wässerchen (vielleicht ist auch Ihr Drogist so freundlich?): Milchsäure, Birkentee, Glyzerin, Chinintinktur, Zitronenalkoholat und Pilokarpintinktur zu gleichen Teilen mischen. Die Kopfhaut regelmäßig damit einreiben! Oft bürsten!
– *Fetten* Ihre Haare? Dagegen hilft regelmäßige Behandlung mit folgender Mischung: 60 g Arnikatinktur, 50 g Jaborandi, 10 g Kantharidenessenz, 5 g Hoffmannstropfen und 5 g Resorcin.
– Oder *fettiges* Haar mit Rosmarintee oder Brennesselabkochungen behandeln.
– Bei *trockenem* Haar Olivenöl auf die Kopfhaut massieren.
– Bei *Schuppen* hingegen Zitronensaft oder Essig einwirken lassen.
– Eigelb kann Haarshampoon ersetzen.
– Statt Festiger können Sie einen Rest Bier über die Haare gießen.
– Durch Essig- oder Zitronensaftzusätze ans letzte Spülwasser werden Haare schön glänzend. Den gleichen Effekt hat Möhrensaft, wenn er nach dem Waschen ins Haar massiert wird.

Haarspülung

Haben Sie vergessen, Haarconditioner zu kaufen, behelfen Sie sich mit Wäscheweichspüler. Einen Eßlöffel davon auf die Haarspitzen verteilen, kurz einwirken lassen und nachspülen.

Pferdeschwänze oder Zöpfe hübsch bändigen

Flechten Sie aus alten Wollfäden, uni oder besser noch drei- oder vierfarbig, eine Kollektion etwa 40 cm langer Wollzöpfchen. Sie halten Pferdeschwänze und Zöpfe hübsch zusammen und haben den Vorteil, daß die Haare nicht brechen.
Auch als Geburtstagsgeschenk für junge Mädchen willkommen.

Aufgesprungene Hände heilen rasch

Mit reichlich Seife waschen, den Seifenschaum stehenlassen, einige Tropfen Glyzerin daraufträufeln, alles gut verreiben. Zwei weitere Abende wiederholen. Ihre Hände sind garantiert geheilt.

Nikotinflecke an Fingerspitzen

Mit ausgepreßten Zitronenschalen einreiben oder durch Betupfen mit Eau de Javelle bleichen.

Spröde und abgebrochene Nägel werden wieder gesund

Ein Wattestäbchen in farbloses Jod tunken und die Nägel zweimal täglich damit betupfen. Der Erfolg stellt sich nach ca. vier Wochen ein.

Weiche Fingernägel härten

Reiben Sie die Fingerspitzen bei jeder Gelegenheit mit Zitronensaft ein. Es gibt auch Spezialmittel in Parfümerien, die zwar teuer, doch wirksam sind.

Nagellack rasch trocknen lassen

Gewöhnen Sie sich grundsätzlich an, zuerst die rechte Hand, dann die linke Hand zu lackieren. Nasser Lack trocknet rascher, wenn Sie die Fingerspitzen in kaltes Wasser oder in den Kühlschrank oder ins Frosterfach halten!

Nagellackfläschchen bleiben hübsch

Auch nach häufigem Gebrauch sieht das Etikett attraktiv aus, wenn Sie es nach dem Einkaufen mit farblosem Nagellack überpinseln.

Zu dick gewordener Lack kann mit einigen Tropfen Nagellackentferner verdünnt werden.

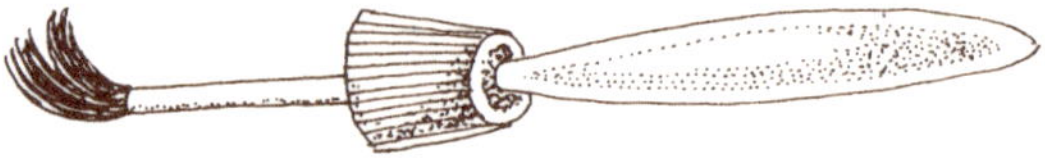

Nagellack richtig aufheben

Wußten Sie, daß Nagellack, der im Kühlschrank aufgehoben wird, nicht so schnell eintrocknet?

Nagelfeilen wieder funktionsfähig machen

Kleben Sie von beiden Seiten jeweils einen Streifen Heftpflaster fest auf die Feile, sehr gut andrücken. Dann abziehen. Die Klebemasse nimmt alle Schmutzreste ab.

Hornschichten entfernen

Hornschichten und Hühneraugen entfernen Sie nach einem ausgiebigen Bad durch geduldiges Abreiben mit Bimsstein.

Bimsstein wie neu

Nach einiger Zeit reibt der Bimsstein nicht mehr, weil Hautteilchen die Zwischenräume verstopfen. Wenn Sie den Bimsstein über grobes Schmirgelpapier reiben, können Sie mit ihm wieder mühelos dicke Hornhaut abreiben.

Müde Füße werden munter

Füllen Sie eine Schüssel mit heißem Wasser und geben Sie entweder zwei Hände voll Salz oder einen Schuß Essig dazu.
Oder halten Sie Ihre Füße abwechselnd in sehr heißes und sehr kaltes Wasser, mit kaltem Wasser aufhören.

Rissige Lippen

Die besten Mittel sind Kakaobutter und Honig. Kakaobutter ist übrigens der Hauptbestandteil von Lippenstiften.

Augenbrauen regulieren

Vor dem Auszupfen einfetten, anschließend nachziehen, dann zupfen. So ist die Korrektur besser zu erkennen. Widerspenstige Borsten mit Haarspray ansprühen, in die gewünschte Form drücken.

Augen schminken

Bepudern Sie die Lider leicht, ehe Sie das Make-up auftragen, es haftet besser und zerläuft nicht!

Schminkstifte anspitzen

Die Stifte sind durch den hohen Fettgehalt so weich, daß sie beim Anspitzen oft abbrechen. Erst ins Tiefkühlfach legen, dann schnell anspitzen.

Kein Parfümtrichter zur Hand?

Möchten Sie Parfüm in den Taschenflakon umfüllen, behelfen Sie sich mit einer halben Eierschale, in die Sie vorsichtig ein Loch piksen!

Cremereserven in den Kühlschrank

Hautcremes werden, wie alle Speisefette, mit der Zeit ranzig. Heben Sie Ihre Vorräte im Kühlschrank auf!

Reinigungscreme selbst zubereiten

Das einfachste Reinigungsmittel ist reines Paraffin.
– Für *trockene Haut* ist folgende Mischung ratsam: Oliven-, Rizinus-, Paraffin- und Mandelöl zu gleichen Teilen mischen. Größere Vorräte davon im Kühlschrank aufbewahren.
– Für *normale Haut* Oliven-, Sesam- und Mandelöl zu gleichen Teilen vermischen, ebenfalls im Kühlschrank aufheben, damit die Fette nicht ranzig werden.
Anschließend mit einem in Rosenwasser getränkten Wattebausch abschminken.

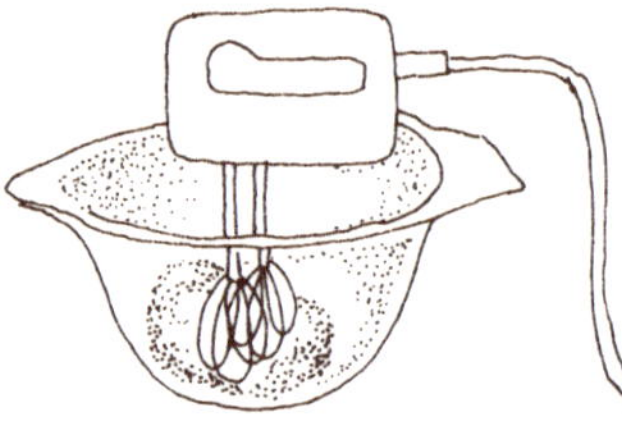

Wirksame Nährcreme

Weiße Nährcreme herzustellen ist gar nicht so schwierig. 150 g Lanolin im Wasserbad zergehen lassen, dann mit dem Elektroquirl 100 g Mandelöl abwechselnd mit 200 g abgekochtem kaltem Wasser unterschlagen, einige Tropfen Rosmarin- oder Lavendelöl zum Parfümieren zufügen. Vorräte im Kühlschrank aufheben. Diese Creme wird auch von empfindlicher Haut vorzüglich vertragen.

Preiswerte Sonnenöle

Auch heute gibt es noch nette Drogisten und Apotheker, die verschiedene Mischungen herstellen. Vielleicht kennen Sie so einen, dann lassen Sie sich folgendes mischen:
– 80 g Paraffinöl, 20 g Vaseline und 10 g Safran-Tinktur oder
– 60 g Paraffinöl, 50 g Nußöl und 40 g Palmöl
oder mischen Sie selbst:
100 g Olivenöl und Saft von 2 Zitronen.

Lauter Schönheitsmasken

– Um die Haut zu *straffen,* ein Eiweiß leicht schlagen, aufs Gesicht streichen und in Ruhelage 20 Minuten wirken lassen. Nicht zu oft anwenden, weil diese Maske entfettet.
– *Nährend* ist eine Maske aus zerdrückten Bananen oder aus Orangenscheiben.
Auch Gurkenscheiben und mit etwas Joghurt angerührte Hefe sind gut geeignet; oder eine Mischung von Honig und Eigelb. Sie können aber auch Quark mit etwas Honig und Zitronensaft verrührt oder Salzkartoffeln mit heißer Milch und Zitronensaft vermengt aufs Gesicht legen. Dabei entspannen!
– Mit Milch nachwaschen ist immer gut!

Schweißgeruch verschwindet

Waschen Sie Füße und Achselhöhlen mit verdünntem Essigwasser. Keine Strümpfe aus Kunstfasern tragen. Gummisohlen und -schuhe vermeiden.

Pickel ade!

– Verzichten Sie auf Orangen, Zitronen, Schokolade, Zucker und alle mit Zucker zubereiteten Nahrungsmittel.
– Viel Möhren und Quark essen.
– Reichlich Kamillentee trinken.
– Verstärken Sie den Effekt, indem Sie einen Monat lang täglich ⅛ l Rote-Bete-Saft trinken.
– Die Pickel entstehen in der Regel durch zu hohe Absonderungen der Talgdrüsen. Sie kommen nicht zum Blühen, wenn Sie beim ersten Anzeichen die Stelle dreimal täglich mit Wasserstoffsuperoxyd betupfen.
– Bei »erblühten« Pickeln äußerste Sauberkeit walten lassen. Wattestäbchen mit Wasserstoffsuperoxyd betupfen, die Pickel damit behandeln.
– Oder Buttermilch mit Zitronensaft mischen, auftragen, trocknen lassen, den Vorgang noch zweimal wiederholen.
– Oder mischen Sie 50 g Vaseline mit 10 g Schwefelmilch und tragen Sie diese Creme abends nach der gründlichen Reinigung auf die befallenen Stellen.
– Oder die befallenen Hautstellen mit Schwefelseife säubern, die Pickel mit Jodtinktur allabendlich betupfen.
– Auf peinliche Sauberkeit achten!

Müde Geister werden wieder munter

Zwei Hände Meersalz in einem knappen Liter Wasser auflösen und den Körper damit abreiben. Nicht abtrocknen, nur mit der Hand trockenwischen. Ideales Belebungsmittel vor und nach langen Nächten!

Ring vom Finger abziehen

Sie brauchen nicht zum Juwelier, um den Ring aufsägen zu lassen. Umwickeln Sie den Finger von der Spitze zum Ring hin eng mit einem dicken Faden. Nach 5 Minuten die Umwicklung ablösen, den Finger weitere 5 Minuten hoch halten. Läßt sich der Ring immer noch nicht abstreifen, das Verfahren wiederholen. Oder die Hände in sehr kaltes Wasser legen, unter Umständen einige Eisstückchen hineintun. Dann die Hände kräftig einseifen, die Seife wirkt als Gleitmittel!

Schmuckbaum im Bad

Einen dürren, stark verzweigten Ast in weiße Farbe tauchen, trocknen lassen. In einen hübschen Übertopf stecken, zur Befestigung Gipsbrei hineingießen. Ehe der Gips ganz fest wird, die Oberfläche mit Kieselsteinen, Murmeln oder Blähton-Kügelchen (aus der Gärtnerei) bestreuen. Ringe, Ketten, Ohrclips – alles findet seinen Platz! Ein prima Geschenk!

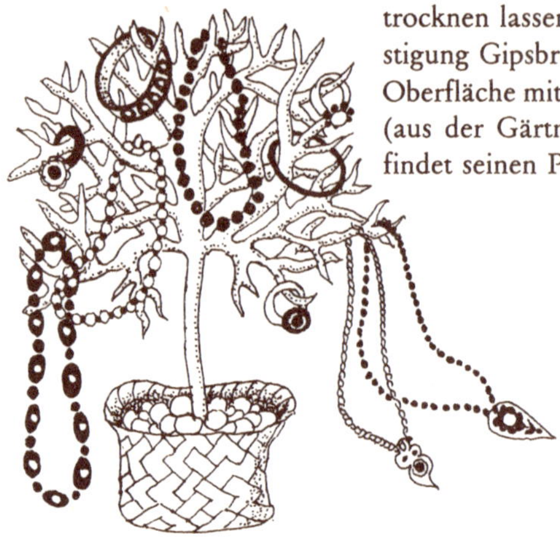

Gold- und Silberschmuck reinigen

Die üblichen Reinigungsmittel sind nicht für Schmuck geeignet, weil sie sich in die Vertiefungen setzen oder die Oxydationszierrate entfernen. Stecken Sie den Schmuck in einen Becher mit Zahnprothesenreiniger. Aber keine Perlen! Oder mit einer Zahnbürste und Seife oder Zahncreme säubern.

Perlen mit attraktivem Lüster

Schonen Sie Ihre Perlenkette nicht. Je häufiger sie getragen wird und Kontakt mit Ihrer Haut bekommt, desto schöner wird der Glanz sein. Im Tresor verliert sie Glanz und Schönheit.

Türkisketten behalten ihre aparte Farbe

Vermeiden Sie den Kontakt mit der Haut, also möglichst nicht mit ausgeschnittenen Kleidern tragen. Hautfett macht Türkise gelbgrün. Sie dürfen lediglich mit Spiritus gereinigt werden.

Schwarze Hautverfärbungen von Silber vermeiden

Silberschmuck hinterläßt auf der Haut und wollenen Kleidungsstücken oft schwarze Streifen. Nach dem Reinigen den Schmuck mit Benzin abreiben. Dann vorsichtig mit Zaponlack oder farblosem Nagellack überziehen. Hilft ausgezeichnet – auch gegen Anlaufen!

Zeit, Geld, Energie sparen

Maßnahmen zur Wärmedämmung steuerlich absetzbar

Erkundigen Sie sich bei der Gemeinde oder Kreisverwaltung, wie Sie Zuschüsse bekommen oder welche Voraussetzungen erfüllt sein müssen, um die Kosten beim Finanzamt geltend zu machen.

Isolierfenster sparen Energie

– Sie sparen 20 l Heizöl pro Quadratmeter Fensterfläche, wenn Sie statt Einfachscheiben Doppelscheiben einbauen.
– Sie sparen 8 l Heizöl pro Quadratmeter Außenwand, wenn Sie diese durch einen 6 cm dicken Dämmstoff zusätzlich isolieren.
– Der Brennstoffverbrauch kann um 8 bis 12% gesenkt werden, wenn Sie alle Heizkörper mit Thermostatventilen ausstatten.
– 5% Heizungsenergie lassen sich einsparen durch konsequentes Abdichten aller Fenster- und Türfugen. Halten Sie auch die Kaminklappe geschlossen.
– Besonders wichtig ist die Isolierung der Wand hinter dem Heizkörper. Diese Nischen haben leider meistens die schlechteste Wärmedämmung, die Wände sind besonders dünn. Aluminiumbeschichtete Dämmplatten reflektieren die Wärme in den Raum.
– Durch konsequente Isolierung der Heizungsrohre lassen sich weitere 4% einsparen.
– Heizkörper nicht durch Möbel oder lange Vorhänge verdekken.

Feuchte Wände isolieren

Ein nasser Strumpf wärmt nicht, weil die Nässe die Temperatur schnell weiterleitet. Auch feuchte Wände leiten die Kälte ebenfalls wesentlich schneller als trockene. Also unbedingt isolieren!

26% an Heizkosten sparen

Wenn Sie die Räume nachts auf 16° C, tags auf 21° C Temperatur heizen, sparen Sie gegenüber 24° C warmen Räumen etwa 26% Heizenergie. Feuchte Luft wirkt wärmer als trockene, darum Wasserverdunster aufstellen und täglich füllen. Wer abends Rolläden und Vorhänge schließt, kann 6% Heizungskostenersparnis für sich verbuchen. Passen Sie die Temperatur der Raumnutzung an: Schlafzimmer und selten benutzte Räume brauchen nicht so warm zu sein, in der Küche heizen Herd und Kühlschrank.

Sinnvoll lüften

– Nicht dauerlüften, sondern kurz und gründlich lüften. Sauerstoffhaltige Luft erwärmt sich schneller.
– Wenn es im Heizkörper gluckert, ist es Zeit, Luft abzulassen. Ventil oben öffnen, bis Wasser herauskommt.
– Wenn viele Gäste erwartet werden, die Raumtemperatur frühzeitig drosseln, weil die Gäste durch ihre Körperwärme den Raum heizen.

Heizung überprüfen lassen

Einmal jährlich die eigentliche Heizungsanlage durch einen Fachmann überprüfen lassen. Dadurch können Sie bis zu 20% der Heizungsenergie sparen!

Heißwasser wirtschaftlich aufheizen

– Eine Kilowattstunde heizt nur 10 l Wasser auf 85° C auf, aber 20 l auf 55° C und 30 l auf 37° C. Zum Duschen, Baden, Abwaschen und Wäschewaschen reicht der untere Temperaturbereich. Warmwasserbereiter darum auf Niedrigtemperaturen einstellen. Außerdem hat das den Vorteil der verminderten Kalkbildung. Bei 60° C setzt sich Kalk verstärkt an das Rohrsystem. Kalkbeläge fressen Energie und müssen vom Fachmann teuer entfernt werden.
– Nicht mehr Kochwasser als nötig nehmen.
– Heißes Wasser für Kaffee und Tee im elektrischen Wasserkessel oder mit dem Tauchsieder erhitzen, spart im Vergleich zum Herd etwa 50% Strom.

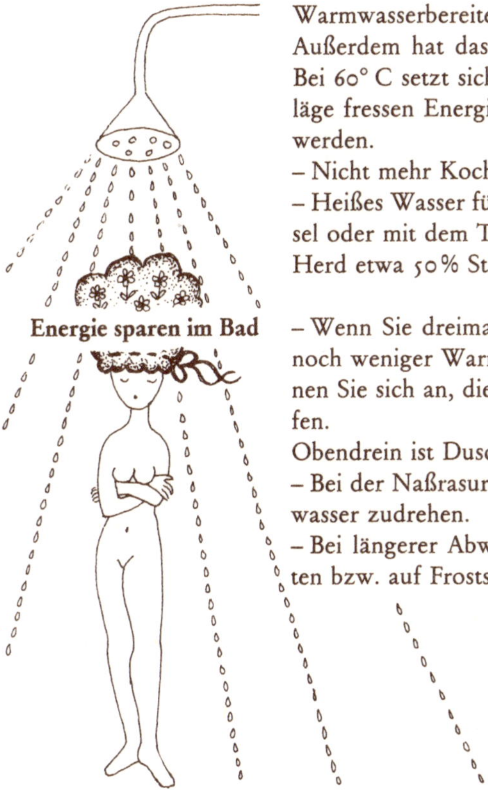

Energie sparen im Bad

– Wenn Sie dreimal ausgiebig duschen, verbrauchen Sie immer noch weniger Warmwasser als bei einem Vollbad. Aber gewöhnen Sie sich an, die Brause abzustellen, während Sie sich einseifen.
Obendrein ist Duschen noch hygienischer als Baden!
– Bei der Naßrasur oder beim Zähneputzen das fließende Heißwasser zudrehen.
– Bei längerer Abwesenheit den Warmwasserspeicher ausschalten bzw. auf Frostschutz stellen.

Steter Tropfen höhlt den Geldbeutel

Ein tropfender Wasserhahn kostet Sie im Monat 170 l Wasser, bei warmem Wasser sind das etwa 20 Mark im Jahr. Bedenken Sie, daß dieser Wert, umgerechnet auf die Haushalte unseres Landes, einen Wert von 480000000 Mark ausmachen würde! Also Hähne zudrehen und Dichtungen regelmäßig erneuern.

Waschen mit Verstand

– Verpulvern Sie Ihr Geld nicht! Richten Sie sich bei der Dosierung der Waschmittel nach den Angaben der Hersteller. Von Zeit zu Zeit wieder einmal nachlesen!
– Flusensieb der Waschmaschine regelmäßig reinigen – sonst geht vielleicht die Laugenpumpe kaputt!
– Die Waschmaschine nicht halbvoll in Betrieb setzen. Das gilt auch für Geschirrspüler.
– Elektrische Wäschetrockner verbrauchen sehr viel Energie. Sonne und Wind machen es gratis!

Weniger Strom für das Bügeleisen

Bügeleisen frühzeitig ausstellen und die Restwärme ausnutzen. Den Stecker dafür aus der Wand ziehen; denn auch bei Schalterstellung »0« wird etwas Strom verbraucht.

... und für die Trockenhaube

Trocknen Sie das Haar zunächst etwas vor, ehe Sie es auf Wickler drehen. Stellen Sie nicht die höchste Heizstufe ein, Ihre Kopfhaut wird geschont, die Trockenzeit ist kaum länger.

Kühlgeräte häufiger abtauen

Tiefkühlgeräte und Kühlschränke regelmäßig abtauen. Eine nur ein Millimeter dicke Eisschicht verbraucht bereits 10% mehr Energie. Kühlgeräte nicht der Sonnenbestrahlung aussetzen.

Leuchtstoffröhren sind rationell

Leuchtstofflampen haben die siebenfache Lebensdauer von normalen Lampen, aber jedes An- oder Ausschalten verringert die Lebensdauer um drei Stunden. Darum das Licht brennen lassen, wenn Sie den Raum in weniger als 15 Minuten wieder betreten.
Die Lichtleistung beträgt das Dreifache normaler Lampen, eine 100-Watt-Röhre entspricht also einer 300-Watt-Lampe. Für die Wohnung immer »weiß de luxe« oder »Warmton de luxe« kaufen. Das Licht ist warm und schattenfrei, was für die Arbeitsräume wichtig ist.

Küchenleuchten gut angebracht

Leuchten unterhalb der Hängeschränke verbreiten das Licht dort, wo Sie es benötigen: auf den Arbeitsflächen. Deckenlampen sind oft überflüssig.

Schalter mit Kontrolleuchten

In selten benutzten Räumen wie Keller, Speicher, Bäder, Gäste-WCs Schalter mit Kontrollämpchen einbauen, so daß Sie auch im Flur erkennen, ob das Licht brennt.

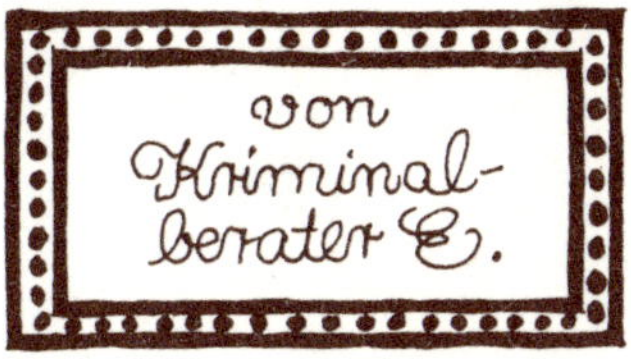

Außensteckdosen innen abschalten

Lampen und Außensteckdosen auf Terrassen oder Balkons müssen von innen abschaltbar sein, damit sie nicht unnötig brennen und damit nicht ungebetene »Gäste« ihre Elektrowerkzeuge, also elektrische Diebstahlgeräte, an den außen angebrachten Steckdosen anschließen können.

Backofen einschalten – lohnt das?

Überlegen Sie sich, ob es wirklich lohnt, den Backofen einzuschalten. Es dauert immerhin eine geraume Zeit, bis er die gewünschte Temperatur erreicht hat. Bei Heißluftherden sieht es zwar etwas günstiger aus. Bei sinnvoller Planung können Sie unter Umständen nacheinander mehrere Kuchen im Ofen backen oder die Hitze durch anschließendes Backen von Kleingebäck nutzen. Wer einen Heißluftherd hat, sollte den Vorteil, daß gleichzeitig mehrere Backbleche eingeschoben werden können, nutzen. Sie können darin gleichzeitig Fisch, Gemüse, Fleisch, Kartoffeln, Brot, Kuchen und Kleingebäck garen.

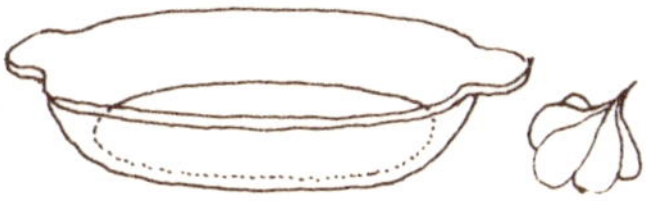

Gebrauchsanweisungen studieren

Studieren Sie einmal in aller Ruhe die Gebrauchsanweisungen Ihrer Elektrogeräte. Beim Kauf wird selten auf die Details geachtet. Haben Sie sich aber erst einmal mit der allgemeinen Handhabung des Gerätes vertraut gemacht, ist es an der Zeit, die Finessen zu ergründen. Das gilt für alle Elektrogeräte des Haushalts, besonders für Herde, Backöfen, Geschirrspüler.

Benzin sparen – aber wie?

– Kaltstart vermeiden, den Motor nicht bei stehendem Fahrzeug warmlaufen lassen, also gleich losfahren oder bei kurzen Entfernungen überhaupt auf das Autofahren verzichten und statt dessen laufen. Ein Mittelklassewagen verbraucht beim Starten bis zu 40 l pro 100 km.

– Richtig schalten. Bei 50 km/h konstanter Fahrt braucht ein Mittelklassewagen im ersten Gang 15,5 l, im vierten Gang nur 4,5 l.

– Grüne Welle nutzen, vorausschauend fahren.

– Gleichmäßig fließend fahren – sowohl im Stadtverkehr als auch auf der Autobahn. Sie können 40% Kraftstoff sparen!

– Reifendruck regelmäßig prüfen, ein zu geringer Luftdruck bewirkt hohen Rollwiderstand und höheren Benzinverbrauch.

– Halten Sie auch auf Autobahnfahrten ein gleichmäßiges, nicht überhöhtes Tempo ein. Mit einem Mittelklassewagen können Sie mit der gleichen Menge Benzin, mit der Sie bei 130 Stundenkilometern von Hamburg nach Frankfurt fahren, eine Strecke von Hamburg bis Basel fahren. Vorausgesetzt, Sie drosseln Ihre Durchschnittsgeschwindigkeit auf 100. Bei 400 km kann das 20 l Benzin ausmachen!

– Dachgepäckträger nicht unnötig montieren, sie kosten bis zu 25% mehr Benzin.

– Vergaser regelmäßig einstellen lassen, Luftfilter termingerecht austauschen.

– Lassen Sie regelmäßig Ihre Zündkerzen einstellen. Falsch eingestellte Zündkerzen können den Benzinverbrauch um 15% erhöhen. Es lohnt sich!

– Bei Bahnübergängen mit voraussichtlich längerer Wartezeit als 30 Sekunden den Motor abstellen.

– Prüfen, ob öffentliche Verkehrsmittel für den Einkauf in der City nicht preiswerter sind, zumal auch Parkplatzsuche und -gebühr entfallen.

– Fliegen kann besonders für Einzelreisende preiswerter als Autofahren sein. Sie sparen dann nicht nur Geld und Energie, sondern außerdem noch Zeit.

Wenn einer
eine Reise
tut ....
1. ____
2. ____
3. ____

Logierbesuch verwöhnen

Verstecken Sie ein Betthupferl. Stellen Sie eine Flasche Mineralwasser mit einem sauberen Trinkglas neben das Bett. Legen Sie eine Gute-Nacht-Lektüre dazu, eine zusätzliche Wolldecke an das Fußende – Ihr Gast freut sich bestimmt.

Urlaubspostkarten schnell und korrekt

Schlaumeier nehmen die Anschriften auf selbstklebenden Etiketten mit in den Urlaub. Niemand wird vergessen, keine kostbare Zeit geht verloren, die Post freut sich über die leserliche Maschinenschrift.

Gedächtnishilfe für Hobbyfilmer

Vor der Abreise die Namen der Orte auf Blätter schreiben oder die entsprechende Karte vorbereiten, als Vorspann vor Aufnahme der ersten Urlaubsszene kurz filmen. Erspart später Schneidearbeiten und langes Grübeln, wo die Aufnahmen gefilmt wurden.

Gute Restaurants finden

Fragen Sie Einheimische, vor allen Dingen Geschäftsleute, und suchen Sie solche Gaststätten, die stark von Einheimischen frequentiert werden. Sie kennen sich aus und gehen nicht in schlechte Restaurants.

Trinkgelder bereithalten

Münzen für Trinkgeld bereithalten, Scheine können die Reisekasse empfindlich belasten!

Ruhige Hotelzimmer

Zimmer zum Hof sind nicht immer ruhig. Oft liegt der Lift oder die Toilette daneben. Wünschen Sie sich aber immer ein Zimmer am Ende des Gangs, damit Sie nicht durch Spätheimkehrer oder Frühaufsteher, die laut den Hotelflur entlanglaufen, aus dem Schlaf gerissen werden.

Teerflecke vom Strand

Ärgerlich, immer diese schwarzen Flecke! Durch Abreiben mit Benzin, Terpentin oder einer Mischung aus Spülmittel und Terpentin werden sie von der *Haut* am leichtesten entfernt. *Kleidungsstücke* zunächst mit Eigelb einreiben, dann waschen.

Garantiert trockene Haare beim Schwimmen

Damit das Wasser nicht unter der Bademütze hindurchsickert, eine elastische Binde um den Haaransatz wickeln, mit einem Clip befestigen, erst dann die Mütze aufsetzen!

Jedes Familienmitglied sollte seine Koffer-Farbe haben

Kleben Sie auf die Gepäckstücke jedes Familienmitglieds Punkte aus selbstklebender Folie in einer bestimmten Farbe. So findet jeder schnell seine Sachen, ohne fragen zu müssen.
Denken Sie daran, auch das jüngste Kind möchte sein Gepäckstück tragen, das stärkt sein Selbstbewußtsein.

Kofferliste

Kindern, die auf Freizeiten oder in Zeltlager fahren, unbedingt eine Inhaltsliste in den Koffer legen, damit sie vor der Heimreise kontrollieren können, ob sie wieder alles eingepackt haben.
Machen Sie sich einmal die Mühe und schreiben Sie vor der Reise genau auf, was Sie in Ihren Koffer tun möchten. Während des Urlaubs können Sie die Liste überprüfen. Überflüssiges ausstreichen, Fehlendes ergänzen. Lassen Sie die Liste bis zur nächsten Reise im Koffer. Auch wenn es dann nicht mehr ganz stimmt, werden Sie beim Packen Zeit sparen und sicherlich nichts Wichtiges vergessen.
Denken Sie bitte auch an einen selbstklebenden Haken für den Waschlappen, eine kleine Wäscheleine, einige Wäscheklammern, eine Tube Waschmittel (Pulverpackungen gehen oft kaputt), ein Messer, Mücken- und Sonnenmittel sowie die wichtigsten Medikamente. Ich habe auch immer einige aufblasbare Plastikbügel für Blusen, Ober- und Nachthemden bei mir, eine zusammenlegbare Reisetasche für Mitbringsel und einen kleinen Tauchsieder mit Zusatzsteckern.
Wenn Sie oft den Standort wechseln, nehmen Sie nicht zu viele Sachen mit. Ihre Umgebung kennt Ihre Kleidung ja nicht, und Sie müssen nicht täglich alles ein- und auspacken.
Sammeln Sie Seidenpapier. Es kann ja nach dem Urlaub im Koffer auf die nächste Reise warten. Zwischen Kleider, Blusen, Röcke oder Anzüge gelegt, verhindern die Bogen, daß die Kleidungsstücke verknittern. Sie sparen sich das Bügeln.

Bademäntel auf Reisen

Wer hätte sich nicht schon über den voluminösen Bademantel geärgert. Falten Sie ihn zum rechteckigen Paketchen zusammen und nähen Sie dafür einen Kissenbezug mit Reißverschluß und einer dicken Kordel zum Tragen. Wenn Sie den Bademantel hineinstecken, haben Sie im Auto oder Zug ein bequemes Reisekissen! Ideales Weihnachtsgeschenk!

Leere Lippenstifthülsen bitte aufheben

Ideal als Mini-Nähetui in der Handtasche oder im Koffer!

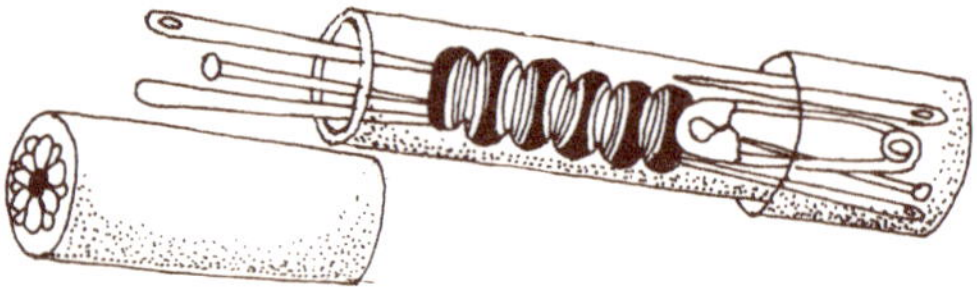

Zahnbürstenersatz

Wenn Sie auf Reisen keine Zahnbürste haben oder der Sauberkeit des Wassers nicht trauen, essen Sie einen Apfel oder kauen Sie einen Kaugummi.
In fernen Ländern ist es ratsam, die Zähne grundsätzlich nur mit Mineralwasser oder mit durch Spezialtabletten desinfiziertem Wasser zu putzen.

Zahnschmerzen

Auf Reisen ist es manchmal nicht möglich, den Zahnarzt aufzusuchen. Eine Nelke ins Zahnloch stecken oder an der schmerzenden Stelle zerkauen, eine zweite in wenig Watte gewickelt ins Ohr der schmerzenden Seite stecken, – unglaublich – aber es hilft!

Kopftücher und Schals waschen, ohne bügeln zu müssen

Klatschen Sie die nassen Tücher gegen die Fliesenwand des Badezimmers. So trocknen sie schnell, ohne später gebügelt werden zu müssen. Ideal auf Reisen.

Skireisen mit Kindern

Wohin nur mit all den kleinen Skiern und Stöcken? Es dauert so lange, bis sie festgebunden sind, im Auto selbst sollten sie wegen des Unfallrisikos auch nicht aufgehoben werden. Packen Sie alle zusammen in einen großen Schlafsack. Dann reist das ganze Sortiment weich gepolstert – durch zwei Spinnen befestigt auf dem Skiständer oben auf dem Autodach bequem mit.

Wohlbestücktes Handschuhfach

Folgende Dinge müssen darin zu finden sein:
– 1. ein billiger Fotoapparat mit Blitzlicht, der bei Unfällen die Situation festhält
– 2. eine Taschenlampe
– 3. einige Wegwerfhandschuhe aus Plastik für schnelle Reparaturen und zum Prüfen des Ölstands
– 4. eine Packung Zellstofftücher

Ascher in Autos

Praktisch ist es, auch in den Aschenbecher vom Auto Sand zu tun. Die Kippen verlöschen sofort und riechen weniger.

Keine Umweltverschmutzung bei Autofahrten

Einen nicht zu großen Plastikbeutel durch ein Loch über den Schaltknüppel stecken. Während der Reise nimmt der Beutel brav Obstschalen, Frischhaltetücher, Kronenkorken, Bonbon- und Schokoladenpapier auf, Auto und Straßen bleiben sauber.

Getränke im Auto kühl halten

Wickeln Sie um Sprudel- oder Limonadenflaschen nasse Gästehandtücher oder Scheuerlappen. Während der Fahrt verdunstet die Feuchtigkeit, entzieht der Umgebung Wärme und kühlt somit Ihre Flaschen.

Mit dem Auto ins Ausland

Vergewissern Sie sich, daß Sie die passenden Ersatzkeilriemen, einen Reserveschlauch und Ersatzlämpchen sowie -sicherungen im Wagen haben.

Kinder reisen im Auto ...

und natürlich langweilen sie sich bald. Für das zwei- bis dreijährige Kind füllen Sie in eine alte Babyflasche Apfelsaft oder Hagebuttentee mit viel Zitronensaft und setzen Sie einen Schnuller mit einem sehr, sehr kleinen Loch darauf. Sie werden sich wundern, wie lange es dauert, bis das Fläschchen leer ist. Das Kind ist beschäftigt, und der Durst wird gestillt.
Geben Sie den Kindern ihr Körbchen mit Reiseproviant für den Tag nach hinten und lassen Sie sich ihre Vorräte selbst einteilen. Eine wirksame Hilfe gegen Bettelei. Für genügend Getränke sorgen.

Sonnenschutz für Kinder im Auto

Vor der Reise jeweils eine Webkante von vier Küchentüchern daumenbreit umlegen und steppen, Gummibänder durchziehen, deren Enden zu Schlaufen verknotet werden. Die Gardinen an den Seiten- und am Heckfenster mit Hilfe von einigen Haken befestigen, willkommener Sonnenschutz!

Schneller Becher auf Reisen

Aus starkem Papier oder dickem Pergament, auch aus Alufolie, ein Quadrat schneiden. Diagonal falten, dann, wie gezeichnet, erst die beiden Spitzen seitlich, schließlich die dritte Spitze nach unten umklappen. Hält!

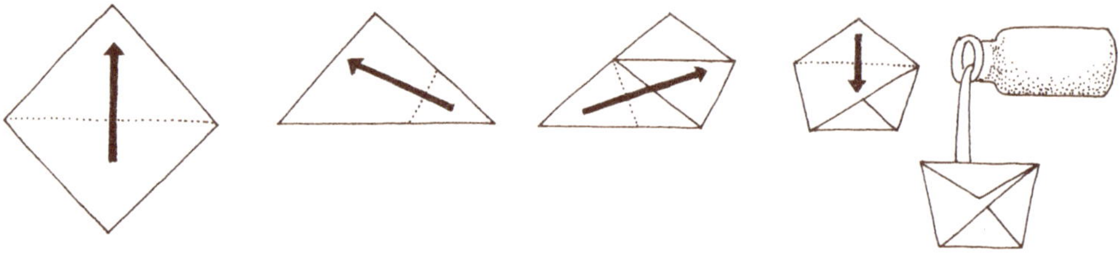

Thermosflaschen

Der Inhalt bleibt länger heiß, wenn Sie die Flaschen erst über heißen Wasserdampf halten, so daß sie von innen erwärmt werden. Nie bis zum Rand füllen, damit noch Raum für den Korken ist.

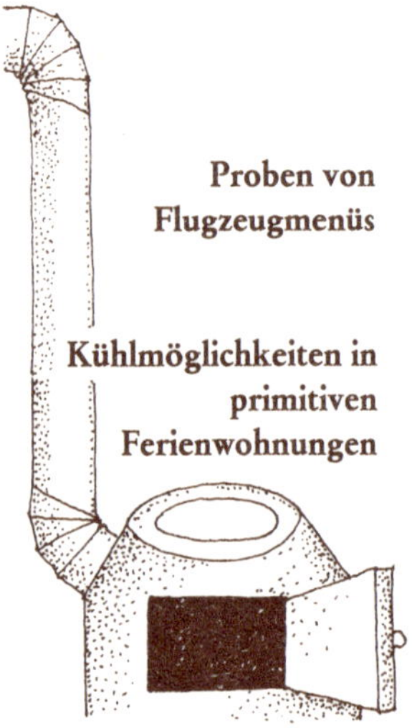

Proben von Flugzeugmenüs

Salz-, Pfeffer-, Milch- und Zuckerbeutelchen, die zu den Flugzeugmenüs serviert werden, stecke ich immer ein. Beim nächsten Picknickausflug sind sie sehr willkommen.

Kühlmöglichkeiten in primitiven Ferienwohnungen

Gibt es keinen Kühlschrank? Aber vielleicht einen alten Ofen? Stellen Sie ein Schälchen mit Wasser in den Aschenkasten, legen Sie Butter, Margarine und schnell verderbliche Lebensmittel, in einem Plastikbeutel geschützt, in den Feuerraum. Die Ofentür nicht ganz schließen, damit Durchzug entsteht. Das Wasser verdunstet, der Innenraum des Ofens ist immer erstaunlich kühl.

Lebensmittel und Getränke beim Picknick und Camping kühlen

Geben Sie die Lebensmittel in einen luftdicht verschlossenen Plastikbehälter, dann alles in einen Plastikbeutel. Entweder an eine lange Kordel gebunden in den nahen Fluß hängen oder ein etwa 40 bis 50 cm tiefes Loch in die Erde graben, dieses mit Blättern auslegen, die Vorräte hineingeben und mit Grassoden oder einer dicken Blattschicht bedecken. Kühlt vorzüglich!

Ameisen beim Camping

Wenn Ameisen Ihre Campingfreuden vermiesen wollen, stellen Sie die vier Beine des Tischchens, auf dem Sie Ihre Lebensmittel aufbewahren, jeweils in ein Schälchen mit Wasser.

Camping- und Urlaubskochen

Das wichtigste Gepäckstück sollte der Schnellkochtopf sein. Er hilft nicht nur, schneller zu kochen, sondern kann außerdem noch als Vorratsbehälter dienen. Die Lebensmittel können darin luftdicht und vor Ungeziefer sicher aufgehoben werden und bleiben dadurch länger frisch.

Taschendiebe gibt es überall

Mancher Reisende wünschte schon, er hätte sein Geld in einen Brustbeutel oder einen dünnen Stoffbeutel, der um die Hüfte gebunden wird, gesteckt. Taschendiebe arbeiten oft im Team, einer lenkt ab, der zweite klaut. Seien Sie mißtrauisch beim Anrempeln! Wertsachen in der Hotelrezeption abgeben. Und überhaupt, nicht zuviel mitnehmen!

Verlust von Papieren auf Reisen

Gut ist es, wenn Sie sich von den ersten vier Seiten Ihres Passes und den wichtigsten Dokumenten, wie Kfz-Brief und Führerschein, vor der Reise eine Kopie anfertigen. Im Ausland mit dem eigenen Konsulat in Verbindung treten. Im Inland die Paßstelle, Ordnungsamt, Polizei und Kfz-Zulassungsstelle informieren.
Melden Sie außerdem den Verlust Ihrer Bank oder Sparkasse.

Reisepaß mit Telefonnummern

Notieren Sie die wichtigsten Telefonnummern irgendwo zwischen alten Stempeln Ihrer Pässe. Den Paß haben Sie immer bei sich, Ihr Gedächtnis hingegen streikt zuweilen!

Den schönsten Fensterplatz im Flugzeug . . .

Falls Ihnen kein Platz zugewiesen wird: Steigen Sie als letzter in den Zubringerbus, dann sind Sie der erste, der aussteigt, und haben die Wahl. Die Plätze in der Nähe der Nottüren bei den Tragflächen haben die meiste Beinfreiheit und sollen zudem die sichersten sein! Bei Langstreckenflügen sind die Mittelplätze oft günstiger, denn vielleicht haben Sie das Glück, daß die angrenzenden Plätze frei bleiben, und Sie können sich während der Nacht ausstrecken.
Eine Extrabluse oder ein T-Shirt in die Handtasche stecken, zum raschen Umziehen, wenn Sie in einem heißen Land ankommen werden.
Gut sind ein Paar Socken zum Überziehen, wenn Sie während eines langen Fluges unbequeme Schuhe ausziehen möchten.

Hygienischen Bettbezug mitnehmen

Für Reisen durch touristisch noch unerschlossene Gegenden ist es keineswegs falsch, einen Kopfkissen- und Bettbezug mitzunehmen. So kann man ein nicht ganz sauberes Kopfkissen in seinen eigenen Bezug stecken oder den Bettbezug als Schlafsack nutzen.

Ungeziefer auf Reisen

Wer auf Reisen in ferne Länder Sorge hat, daß kleine Lebewesen ins Bett krabbeln, stellt die vier Bettfüße jeweils in einen Blumenuntersetzer oder Schälchen mit Wasser.

Durchfälle vermeiden

Wer in die Tropen reist und täglich den puren Saft von zwei Zitronen trinkt, ist schlau. Oder essen Sie täglich zwei bis drei Eßlöffel Papayakerne!

Brennenden Geschmack in den Tropen beseitigen

Brennt der Mund von Curry, Pfeffer, Tabasco, Cayenne? Nicht sinnlos trinken, sondern einen Teelöffel Zucker essen.

Restaurants

Grundsätzlich die Rechnungen nachprüfen, in exotischen wie in nicht-exotischen Ländern. Denn bei Laufkundschaft verrechnet man sich leichter!

Taxifahren in »exotischen« Ländern

Immer Kleingeld bereithalten, damit der Fahrer sich nachher nicht herausreden kann, er habe kein Wechselgeld. Am besten einigen Sie sich vorher über den Preis.

Ruhig schlafen in den Anden

Auf großen Höhen über 3000 m nachts in nichtklimatisierten Schlafzimmern unbedingt das Fenster etwas offenstehen lassen, damit sich der Sauerstoff nicht verbraucht. Flaschen, Tuben, Töpfe, die randvoll gefüllt sind, können platzen, weil der Außendruck geringer ist. Also etwas entleeren.

Ruhige Schiffsplätze

Am ruhigsten sind die Kabinen des Vorderschiffs, denn die Schiffsmaschinen befinden sich immer hinten.

Keine Ratten auf dem Segelschiff

Schneiden Sie aus einem alten großen Blecheimer kreisrunde Platten, ein Loch durch die Mitte bohren. Die Anlegetaue hindurchziehen. Wirklich unüberwindliche Hindernisse!

Zu
schade
für
den
Papier-
korb

Maße, die Sie sich merken sollten

Ein Streichholz ist genau 4,5 cm lang.
Meine Handspanne beträgt 20 cm, und Ihre?
Mein Hüftknochen ist genau 1 m hoch, Ihrer auch?

Ordentliche Schnur

– Stecken Sie die Schnurrolle in einen Karton mit einem Loch, durch das Sie das Ende ziehen.
– Oder einen Beutel nähen, im Besenschrank aufhängen.
– Ein unifarbiger Leinenbeutel mit einer aufgestickten Katze und einem vom Schuster eingestanzten Loch wäre ein praktisches Weihnachtsgeschenk!
– Vorher angefeuchtete Schnur zieht sich beim Trocknen zusammen und sitzt dann fester auf dem Paket.

Briefmarken entfernen

Den Briefumschlag anfeuchten oder über Wasserdampf halten. Briefmarken, die zusammengeklebt sind, können Sie durch Einweichen in lauwarmem Wasser oder durch Bügeln wieder voneinander trennen.

Fest verschlossene Briefumschläge

Den Kleberand mit Eiweiß oder farblosem Nagellack bepinseln, dann kann der Umschlag auch nicht über Wasserdampf geöffnet werden.

Kostbare Porzellan- und Glasgegenstände verschicken

Möchten Sie ein kostbares Stück aus Porzellan oder Glas sicher und bruchfest verschicken, schlagen Sie ein Holzkistchen passender Größe mit Alufolie aus. Gießen Sie 3 cm hoch Schmalz hinein, dann stellen Sie den Gegenstand hinein. Nun reichlich Schmalz zerlassen, die Hohlräume damit ausfüllen. Ist der Gegenstand ganz bedeckt, kann der Rest mit Styroporresten ausgefüllt werden. Zur Entnahme das Kistchen in die Sonne stellen. Durch Wärmeeinwirkung zerschmilzt nach und nach das Fett auch im verstecktesten Winkel.
Das Fett kann als Meisenfutter verwertet werden.

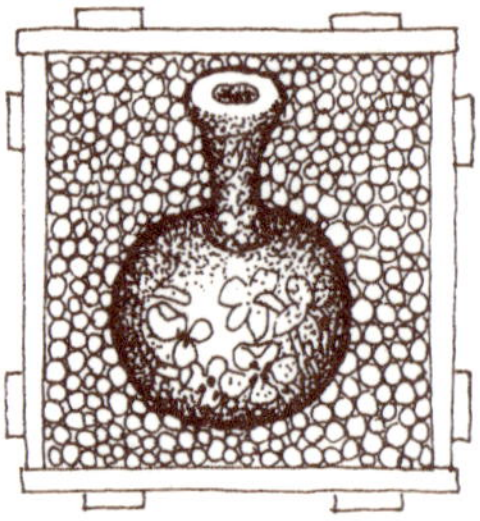

Zeitungen ausschlachten

Mit dem Schnittmusterrädchen gewünschte Bilder und Artikel perforieren, sie können dann leicht herausgerissen werden.

Radiergummi

Ehemals weiße, verschmierte Radiergummis können mit Seife gewaschen werden!

Stempel und Stempelkissen

Stempel werden wieder sauber, wenn Sie sie in Knetmasse, mit der Sie auch die Schreibmaschinentypen reinigen, drücken. Fast leere Stempelkissen geben wieder Farbe ab, wenn sie über Nacht umgedreht werden.

Verstopfte Kugelschreiber wieder schreibfähig machen

Kugelschreiber schreiben oft wieder, wenn sie in heißes Wasser gelegt oder über einem brennenden Streichholz erwärmt werden. Im Sommer Kugelschreiber nicht aufrecht stehend in der Sonne aufheben, sie laufen dann aus!

Geheimtinte zubereiten

Macht nicht nur kleinen Kindern Spaß. Papier anstelle von Tinte mit Zwiebelsaft beschreiben, Schrift wird nach Erwärmen über einer Kerze sichtbar.
Schwache Schwefelsäure hat die gleiche Wirkung.

Tipp-Ex stets zur Hand

Kleben Sie die Tipp-Ex-Hülle mit einem Streifen Klebeband seitlich an die Schreibmaschine.

Büroklammern griffbereit

Auf der Schreibmaschine oben rechts einen kleinen Magneten mit gutem Zweikomponentenkleber befestigen, der Magnet hält Büroklammern griffbereit.

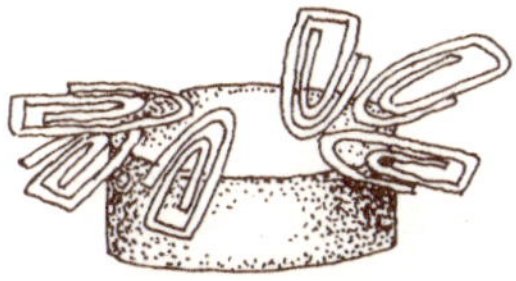

Sets aufheben

Zwischen die einzelnen Sorten feiner Leinensets dicke Rechtecke aus stabilem Karton legen, dann zerknittern die Sets beim Herausholen nicht so leicht.
Für Bast-, Stroh- oder Sisalsets jeweils zwei Gummibänder mit Heftzwecken in die Schranktür drücken, die Sets dazwischenschieben. Auf diese Weise ist der Platz gut ausgenutzt.

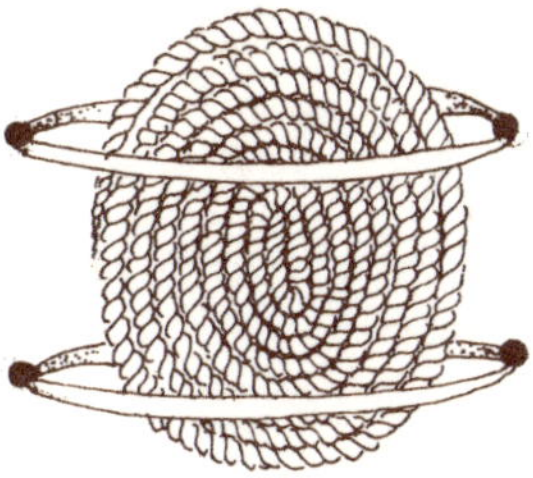

Bettlaken für die Schlafcouch

Singles, die jeden Abend ihre Couch zum Schlafen herrichten, stöhnen oft zu Recht über faltige Bettlaken. Kaufen Sie sich ein Unterbett in der Größe der Liegefläche. Lassen Sie sich aus besonders großen Bettlaken Bezüge dafür nähen. Das Bett ist dann im Handumdrehen gemacht, das Laken kann beiderseitig benützt werden, liegt auch niemals faltig. Neuerdings gibt es solche Bezüge auch fertig genäht zu kaufen. Die Couch wird auf diese Weise gleichzeitig geschützt.

Wer hat die Hosen an?

Wollen Sie als Ehefrau das Sagen haben? Geben Sie einen Teelöffel Dillsamen in den Brautschuh und treten Sie Ihrem frisch Angetrauten vorsichtig gleich nach der Trauung auf den Fuß. Dazu leise das Sprüchlein murmeln: »Liebe und Dill, *mein* Mann tut, was *ich* will.«

Hilfe, mein Mann schnarcht

Kurz den Kehlkopf berühren, er hört sofort auf. Oder einen feuchten Schwamm auf den Mund legen – das hilft für den Rest der Nacht, soweit der Schwamm nicht abrutscht!

Kater vermeiden

Vor dem Trinken einen Toast mit fetten Ölsardinen essen. Während des Festes salzhaltige Nahrungsmittel wie Salzstangen, -gurken, -heringe essen. Zum Abschluß des Festes eine kräftig gesalzene Brühe reichen.

Kater lauf!

Ein Märchen ist, daß Alkohol durch Alkohol vertrieben werden könne. Der nüchterne Magen absorbiert neuen Alkohol innerhalb von 90 Sekunden, und das vollständig. Also vernünftig sein und entweder
– ein Glas Milch mit einem Eigelb, einem Eßlöffel Honig und einem Eßlöffel sehr feinen Haferflocken mischen und schlürfen
– oder Ölsardinen mit Weißbrot, kein anderes Brot, essen.
– Etwa zehn ganze Kaffeebohnen langsam zerkauen und schlukken.

Anti-Alkohol-Trick

Reicht die Willensstärke nicht aus, den Alkoholkonsum zu reduzieren, kaufen Sie sich in der Apotheke das homöopathische Mittel Arnica D 3. Es erweckt einen Widerwillen gegen Alkohol und heilt zugleich Magenverstimmungen.

Runden Tisch vergrößern

Von Schweden erfunden: die doppelt große runde Tischplatte. Wird auf den kleinen runden Tisch einfach aufgelegt und mit Hilfe einiger drehbarer Klötze befestigt. Bei Nichtgebrauch hinter einem großen Schrank versteckt.

Korkenweisheiten

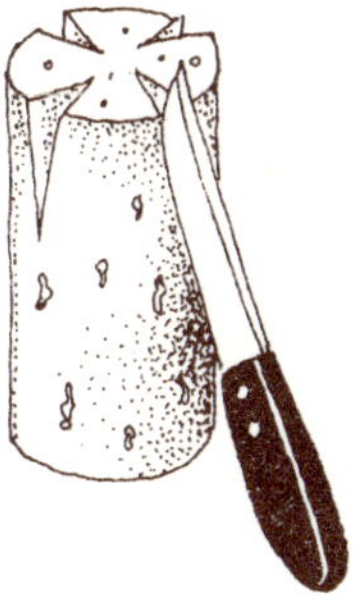

– Möchten Sie einen dicken Korken in einen engen Flaschenhals treiben? Kreuzweise Keile herausschneiden oder den Korken in kochendem Wasser erwärmen. Der Korken wird weich und läßt sich hineindrücken.
– Sitzt der Korken sehr fest, den Korkenzieher hineindrehen, in einen Türgriff klemmen, dann an der Flasche ziehen. Passen Sie auf, daß Sie nicht hinfallen!
– Fehlt der Korkenzieher? Mit einer Holzschraube herausdrehen oder mit dem Daumen in die Flasche drücken.
– Den Korken aus der Flasche holen? Eine lange kräftige Fadenschlinge in die Flasche einführen, um den Korken legen und vorsichtig herausziehen. Sowie er in dem Flaschenhals ist, ruckartige Bewegungen ausüben.
– Bei kostbaren Flaschen (ohne »kostbaren« Inhalt) den Korken durch Eingießen von Salmiak auflösen, der Korken zerfällt.
– Korken, die mit Öl, Wachs oder Siegellack überzogen wurden, schließen luftdicht!

Ineinandergestellte Gläser oder Schalen lösen

Stellen Sie die untere Schale in warmes Wasser und gießen Sie eiskaltes Wasser in das obere Gefäß.

Eiswürfelbehälter, die nicht anfrieren

Bestreichen Sie den Eiswürfelbehälter auf der Unterseite mit etwas Öl, oder reiben Sie ihn mit einer Kerze ein. Er wird nicht mehr anfrieren.

Schraubgläser und Twist-off-Gläser öffnen

Durch Zuhilfenahme von einem feuchten Tuch, einem Stück Schmirgelpapier, durch heftiges Klopfen auf den Deckelrand mit einem harten Gegenstand (Holzpantine) oder umgekehrtes Eintauchen in heißes Wasser lassen sich alle Marmeladengläser spielend leicht öffnen. Oder schlagen Sie mit dem Dosenöffner ein Loch in den Deckel.

Praktische Messerschleifer

Auf dem Rand eines umgedrehten Tellers oder mit Hilfe einer durchgebrannten Sicherung können Sie Messer ausgezeichnet schärfen.

Vorhängeschlösser im Freien vor Rost schützen

Fetten Sie Schloß und Schlüssel mit Vaseline oder Kontaktspray ein und nageln Sie ein Stück Gummi über dem Schloß an die Tür. Dadurch wird der Regen abgeleitet, das Schloß rostet nicht.

Schlüssel

Markieren Sie einzelne Schlüssel, die Sie sonst leicht verwechseln, mit farbigem Nagellack.

Handwärmer für Winterspaziergänge

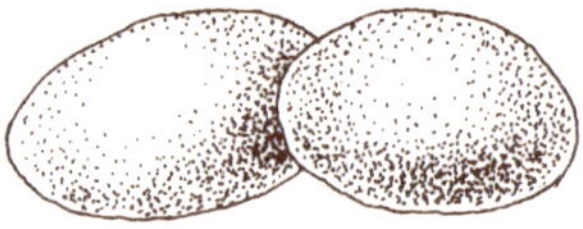

Suchen Sie zwei besonders angenehm geformte Kieselsteine. Auf der Zentralheizung oder im Backofen heiß werden lassen. In jede Manteltasche stecken. Erstaunlich, wie lange die Steine angenehm warm bleiben. Beim Nachhausekommen gleich wieder auf den Heizkörper legen.

Trichter mit Luftrille

Klemmen Sie ein Streichholz zwischen Flasche und Trichter, falls dieser keine Luftrille hat. Dann kann die Luft aus der Flasche entweichen, während Sie sie füllen.

Luft im Thermometer

Halten Sie ein brennendes Streichholz unter die Quecksilbersäule, bis die Flüssigkeit ganz nach oben gestiegen ist. Der Schaden ist behoben.

Notizblöcke gibt es nie genug

Weiße oder farbige Blöckchen, mit doppelseitigem Klebeband in die Kleiderschrank- oder Küchenschranktür sowie vor der Haustür angeklebt, sind ebenso sinnvoll wie das Blöckchen neben dem Telefon, vorausgesetzt, der am langen Gummiband daneben befestigte Bleistift wird nicht gestohlen.

Preiswerte Poolpflege

Schmutzränder an Schwimmbädern lassen sich mit einfachem Haarshampoo entfernen, es ist preiswerter als Spezialreinigungsmittel.
Gegen Algen hilft Kupfersulfat. Für ein 50 m^3 großes Schwimmbad 25 g wöchentlich hineinstreuen.

Zisternen frei von Ungeziefer halten

Einmal jährlich einen Leinenbeutel mit ungelöschtem Kalk an einer langen Schnur in den Brunnen hinablassen. Wichtig für abseits gelegene Ferienhäuser.

Filme und Batterien kühlen

Nicht nur Getränke, Lebensmittel und Kosmetika, auch Filme und Batterien bleiben im Kühlschrank länger frisch!

Schrankraum gewinnen

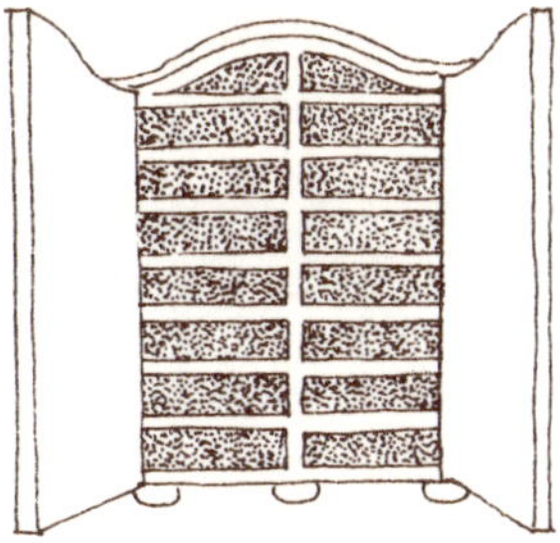

Sie gewinnen Schrankraum, wenn Sie zwischen den einzelnen Schrankbrettern Zusatzbretter, die nur die halbe Tiefe haben, anbringen. Dort lassen sich Schals, Strümpfe, Handschuhe, Dias, Briefumschläge und anderer Kleinkram aufheben, während der darunterliegende Platz für Dinge gebraucht werden kann, die seltener benutzt werden. Prüfen Sie auch, ob Sie nicht darüber hinaus noch ein zusätzliches Schrankbrett einbauen können, die Abstände zwischen den einzelnen Fächern sind fast immer zu groß.

Mehr Ordnung im Kleiderschrank

Schuhkartons sammeln. Mit hübschen bunten Papieren oder Folie bekleben. Ideal, um Handschuhe, Söckchen, Schals, Skizubehör, Mützen, Taschentücher, Bikinis, BHs sortenweise aufzuheben.

Rockbügel

Haben Sie nicht genug Rockbügel? Spannen Sie auf beide Enden des Kleiderbügels jeweils ein Gummiband, dann rutschen die Schlaufen nicht mehr ab. Auch für ärmellose Kleider gut.

Konservengläser sorgen für Ordnung

Schrauben, Haken, Nägel, kurzum, all die vielen kleinen Teile, die zum Reparieren nötig sind, hebe ich in Schraubgläsern auf. Beschriften ist unnötig, man sieht ja durch das Glas durch. Wer will, kann die Deckel an die Unterseite eines Regals schrauben. Ich hebe sie auf dem Regal stehend auf. Das hat den Vorteil, daß ich das geschlossene Glas durch die Wohnung tragen kann.

Noch eine Regal-Idee

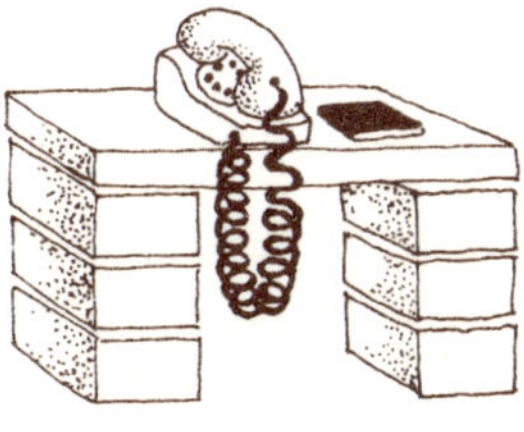

Aus Eternit-Elementen, weiß oder bunt gestrichen, lassen sich praktische Telefon- und Kinderzimmerregale oder Beistelltischchen für Feste basteln. Lange Elemente mit der Trennscheibe in zwei oder drei Teile schneiden. Diese dann aufeinandertürmen. Eventuell verschrauben und lackieren.

Kleider ausmisten

Stecken Sie an die Metallhalterungen Ihrer Kleiderbügel einen Zettel oder Wäscheklammern. Wenn Sie das Kleidungsstück tragen, nehmen Sie den Zettel oder die Klammer ab. Nach einiger Zeit können Sie genau feststellen, welche Kleidungsstücke nicht mehr getragen wurden. Höchste Zeit, sie in die Kleidersammlung zu geben.

Blitzschutz

Gut, wenn Ihr Haus einen Blitzableiter hat. Denken Sie aber vor längeren Reisen und bei Gewittern daran, den Stecker von Rundfunk- und Fernsehgeräten aus der Steckdose zu ziehen.

Telefon als Lebensretter

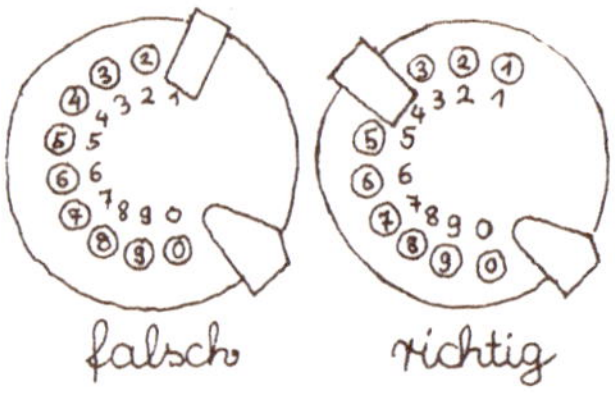

Wenn Sie Ihr Telefon mit einem Telefonschloß gegen Mißbrauch schützen, stecken Sie das Schloß nicht auf die Ziffer 1, sondern auf die 4. Dann kann in Notfällen immer noch die Feuerwehr »112« gewählt werden.

Einbruchsicherung

Lassen Sie sich vom zuständigen Kriminalamt beraten. Auf alle Fälle sollten Sie:

- Kellerfenster sichern,
- durch eine passende Abdeckplatte verhindern, daß der Zylinder des Haustürschlosses hervorschaut,
- eine Sicherheitskette anbringen,
- die Haustür stets verschließen und
- die Zimmertürschlüssel quer drehen und durch einen Eisendraht am Türgriff befestigen.

Glatteis ist gefährlich

Wußten Sie, daß Streusalz bei Temperaturen von weniger als 6° C unwirksam wird, Sie dann also Sand bereithalten sollten? Ein einfaches Mittel, trotz Eis und Schnee einen festen Standpunkt zu behalten, was insbesondere bei Kleinstkindern und älteren Menschen von allergrößter Wichtigkeit ist, ist das Aufkleben eines Leukoplaststreifens auf die Schuhsohlen. Bedenken Sie bitte, daß das immer preiswerter und angenehmer ist als ein mehrmonatiger Krankenhausaufenthalt mit einem Oberschenkelhalsbruch.

Rutschende Tischdecken

Sie sind häßlich und obendrein gefährlich. Ein Molton rundherum 10 cm größer als die Tischplatte zuschneiden. Mit breitem Baumwollband einfassen, ein stabiles Leinenband durchziehen. Die Tischdecke haftet besser, außerdem wird die Tischplatte geschützt, und beim Aufsetzen von Geschirr klingt es dumpfer.

Wenn Knoblauch doch nicht so »duften« würde!

Frische Petersilie, Schokolade, ein Glas Milch oder eine Tasse Kakao vertreiben den üblen Mundgeruch, aber gegen den Knoblauchgeruch der Haut ist kein Kraut gewachsen.

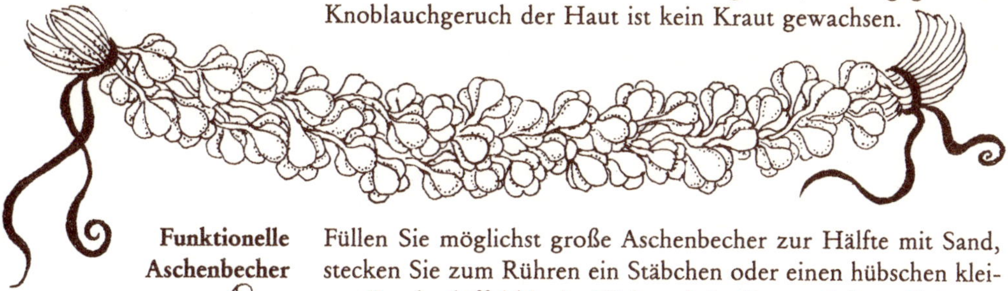

Funktionelle Aschenbecher

Füllen Sie möglichst große Aschenbecher zur Hälfte mit Sand, stecken Sie zum Rühren ein Stäbchen oder einen hübschen kleinen Bambuslöffel hinein. Während der Party wird gewiß immer wieder ein Gast den Inhalt umrühren, der Tabaksgeruch wird dadurch erheblich reduziert.

Tabaksgeruch verschwindet

Ärgert Sie nach dem Fest der kalte Tabaksgeruch? Wichtig ist es natürlich, die Aschenbecher immer bald zu leeren, eventuell auch während des Festes für gelegentliches Lüften zu sorgen. Ideal dafür ist die geöffnete Kaminklappe. Nach dem Fest ein großes, flaches Gefäß mit Essigwasser in den Raum stellen. Sollte der Geruch am folgenden Morgen noch nicht verschwunden sein, den Teppichboden mit dem Schrubber und Essigwasser strichweise abbürsten.

– Etwas Spiritus in ein altes Metallschälchen gießen, dieses auf einen Untersetzer stellen, dann den Spiritus im Raum anzünden.

– Flache Schüsseln mit Salmiaklösung aufstellen, diese einige Male erneuern.

– Steinböden mit verdünntem Essigwasser oder schwacher Chlorlösung aufwischen. Chlor reinigt und desinfiziert Steinfußböden auf preiswerte Weise.

Frostermittel für die Scheibenwaschanlage

Gießen Sie die Mischung von ¼ Wasser und ¾ Spiritus mit einigen Spritzern Spülmittel in den Behälter, dann friert nichts ein, und die Sicht bleibt klar, weil das Spülmittel den Fettfilm entfernt. Aber bitte nicht zuviel nehmen!

Automotor reinigen

Verschmutzte Teile mit Pinselreiniger einpinseln, anschließend mit Wasser nachspülen.

Autoscheiben und Brillengläser präparieren

Reiben Sie Autoscheiben und Brillengläser, insbesondere die der Skibrillen, mit Glyzerin ein, dann beschlagen sie nicht.

Aufkleber von Autos oder Etiketten entfernen

Mit Öl einweichen, der Lack oder die darunterliegende Fläche wird nicht verkratzt!

Lauter praktische Leitertips

– Ist die Leiter nicht zuverlässig rutschfest? Vier Schaumstoffstücke nehmen, beutelartig um die Füße (der Leiter natürlich) legen und mit lustigen bunten Bändern gut festbinden.
– Die Stufen ebenfalls mit selbstklebendem Schaumstoff bekleben.
– Recht hoch einen festen Draht mit einer Halterung für den Putzeimer befestigen, das spart viele Wege.
– Den Boden einer großen Spülmittelflasche abschneiden. Die umgedrehte Flasche seitlich recht hoch an der Leiter befestigen. Dahinein können Sie Lappen, Schraubenzieher oder Bohrmaschine stecken.

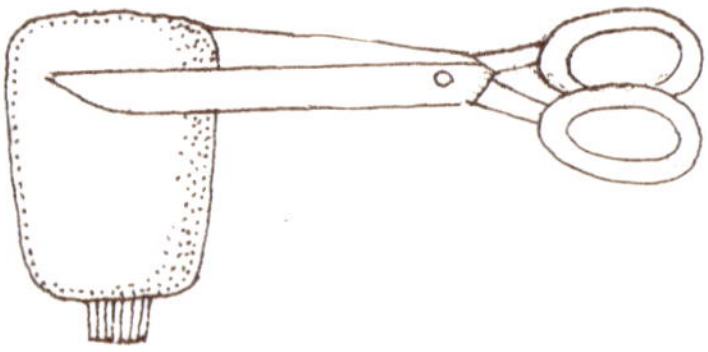

So halten Gummihandschuhe länger

Vor dem Anziehen in die Fingerspitzen Wattebällchen stecken, damit lange Fingernägel den Gummi nicht beschädigen.
Talkum oder Babypuder hineingeben, dann lassen sie sich leichter überziehen.
Ist der rechte Handschuh mal wieder kaputt? Den linken aufheben. Wenn ein zweiter »Witwer« anfällt, den Handschuh umstülpen, ausgiebig pudern und verkehrt herum anziehen!

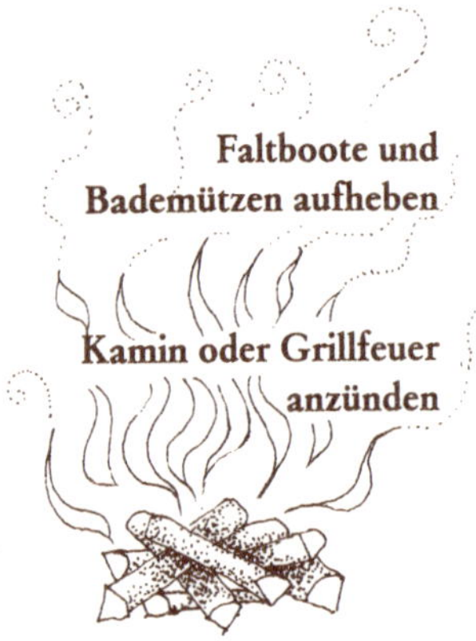

Faltboote und Bademützen aufheben

Faltboote und Bademützen werden nicht brüchig, wenn sie in einem Plastikbeutel mit etwas Talkum, Babypuder oder Stärkepuder überwintern.

Kamin oder Grillfeuer anzünden

Geben Sie zunächst eine mit Spiritus getränkte alte Papierserviette auf die Feuerstelle, schichten Sie darauf Holz oder Holzkohle. Sofern eine Steckdose vorhanden ist, leistet der Fön beim Anheizen viel bessere Dienste als der Blasebalg. Es dauert etwa 20 Minuten, bis die Holzkohle den für das Grillen notwendigen Grauschleier bekommt.

Zigarren feucht halten

Zigarrenraucher sind empfindlich, sie mögen es gar nicht, wenn der Tabak durch die Zentralheizungsluft zu trocken wird. Einen Apfelschnitz oder einige rohe Kartoffelscheiben in die Dose legen, aber so, daß sie nicht unmittelbar mit dem Tabak in Berührung kommen.

Christbaumkerzen präparieren

Legen Sie die Kerzen über Nacht in Salzwasser, dann tropfen sie nicht. Ist das untere Ende zu dick, die Kerze in heißes Wasser tauchen. Das heiße Wachs läßt sich leicht formen. Wer das untere Ende mit einem schmalen Alufolienstreifen umwickelt, braucht keine Sorge zu haben, daß die Kerze auf den Grund ausbrennt.

Kerzenhalter reinigen

Ob Leuchter oder Christbaumkerzenhalter, sie zu reinigen, ist zeitraubend. Um Kratzspuren zu vermeiden, geben Sie die Halter in eine ausgediente Konservendose und stellen Sie diese auf die Kochplatte, das restliche Wachs wird schmelzen.

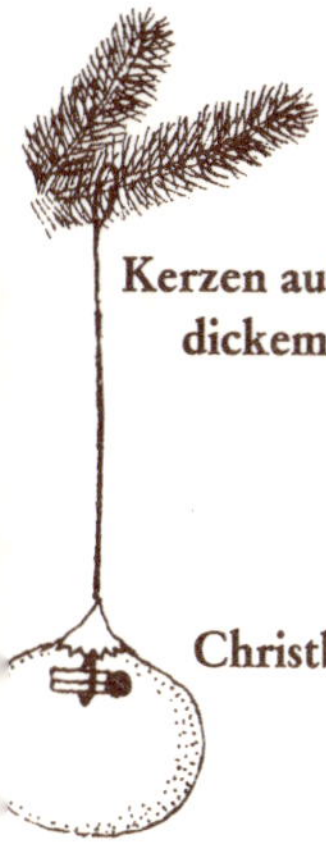

Kerzen auf Halter mit dickem Metalldorn befestigen

Pressen Sie die Kerze nicht gewaltsam auf den Halter, weil das Wachs sonst garantiert auseinanderbricht. Richtiger ist es, einige immer dicker und größer werdende Schrauben unten in die Kerze einzudrehen und sie dann, jedoch ohne zu drehen, wieder herauszuziehen.

Christbaumkugeln aufhängen

Bei verlorengegangenen Aufhängern einen Faden um ein halbiertes Streichholz schlingen, vorsichtig in die Kugel einführen, das Streichholz stellt sich dann quer.

Geldbaum verschenken

Möchten Sie jemandem Geld schenken? Statt einen Scheck oder Schein in einen Umschlag zu tun, basteln Sie einen Geldbaum. Blumentopf mit grünen Zweigen und Blättern malen oder aus Buntpapieren ausreißen und aufkleben. Anstelle der Blüten Münzen aufkleben.

Lieber Leser,

ich gratuliere Ihnen, nun haben Sie es geschafft. Hand aufs Herz: Haben Sie nicht mindestens *einen* Tausender gefunden? Ich meine einen unter den tausend Tips, der Ihr Leben in Zukunft problemloser, leichter, heiterer oder sogar amüsanter machen wird.

Bitte seien Sie nun nicht enttäuscht, aber von Geld war bei meinen Tausendern niemals die Rede; dieses Buch handelt von tausend prima Tips.

Haben Sie weitere Ideen und Anregungen? Wenn Sie mir schreiben, freue ich mich, denn niemand weiß jemals zuviel. Und außerdem sammle ich gern lustiges Material, auch im Hinblick auf künftige Bücher. Sie erreichen mich über den

SÜDWEST VERLAG, 8000 München 2, in der Goethestraße 43.

Neue eigene Erfahrungen habe ich mittlerweile in einem weiteren Band verarbeitet, der den Titel trägt:

FÜR DIE KÜCHE

Ferner ist von Edda Meyer-Berkhout und der Illustratorin Kerrin von Carnap erschienen:

»Arme Ritter«
und
»Errötende Jungfrauen«
Über 100 Rezepte mit köstlichen Namen
Ein Südwest-Kochbuch